Liderazgo Espiritual para el Nuevo Milenio

CONMEMORANDO EL 45 ANIVERSARIO
DEL MINISTERIO DEL DR. YONGGI CHO

Liderazgo Espiritual para el Nuevo Milenio

Dr. David Yonggi Cho

Vida

DEDICADOS A LA EXCELENCIA

> *L*a misión de Editorial Vida es proporcionar los recursos necesarios a fin de alcanzar a las personas para Jesucristo y ayudarlas a crecer en su fe.

©2006 EDITORIAL VIDA
Miami, Florida

Publicado en inglés bajo el título:
Spiritual Leadership for the New Millennium
por *The Zondervan Corporation*
©1999 por Seoul Logos, Co.

Traducción: *María M. Fraguela*
Edición: *Elizabeth Meneses*
Diseño interior: *artserv*
Diseño de cubierta: *Good Idea Production, Inc.*

Reservados todos los derechos

ISBN 0-8297-4555-6

Categoría: Iglesia y ministerio / Ayudas pastorales / Liderazgo

Impreso en Estados Unidos de América
Printed in the United States of America

08 09 10 11 ❖ 6 5

CONTENIDO

Prefacio • 9

Capítulo 1 • **Fe**
    La fe de Dios • 13
    De acuerdo con la medida de la fe • 19

Capítulo 2 • **El Espíritu Santo**
    Ser llenos con el Espíritu Santo • 27
    La relación entre el don de Dios y el Espíritu Santo • 29
    Ser guiados por el Espíritu Santo • 35
    Los requisitos para la obra del Espíritu Santo • 39

Capítulo 3. • **La esfera espiritual**
    La cuarta dimensión espiritual • 47
    Discernimiento del espiritu • 53

Capítulo 4 • El mensaje de Dios

Una comprensión correcta del evangelio • 63
Cómo predicar • 67
¿Qué debe predicar un pastor? • 75
La sanidad divina como un instrumento
para esparcir el evangelio • 79

Capítulo 5. • El instrumento de Dios

La clase de persona que Dios usará para su obra • 85
El siervo humilde • 91
Un buen catalizador • 95
Devoción • 101

Capítulo 6 • La vida creativa

El gozo del ministerio creativo • 107
Cómo soñar y pensar con creatividad • 111

Capítulo 7 • Autoeducación

Una vida de disciplina continua • 117
El auto examen del pastor • 125
Cómo destacarse entre los demás • 129
La necesidad de descansar • 133

Capítulo 8. • Liderazgo

    Eleva tu mirada hacia Cristo con corazón
       humilde • 141
    Cuatro cualidades que se necesitan
       para ser un gran líder • 145
    El liderazgo del siervo • 151

Capítulo 9 • Cómo guiar a la congregación

    El corazón paciente • 159
    Cómo vencer la adversidad • 163
    Amor y bendición • 167

Capítulo 10 • El ministerio triunfante

    La voluntad de Dios y el camino de Dios • 173
    La viuda y la vasija de aceite • 177
    Un modelo de evaluación • 181
    Establecer metas • 187

PREFACIO

«Ni tampoco se echa vino nuevo en odres viejos. De hacerlo así, se reventarán los odres, se derramará el vino y los odres se arruinarán. Más bien, el vino nuevo se echa en odres nuevos, y así ambos se conservan» (Mateo 9:17).

El siglo veintiuno se nos vino encima, uno que muchos han predicho como el que va a traer grandes cambios en este mundo. Por consiguiente, las iglesias deben transformarse para continuar expandiendo el reino de Dios en el siglo veintiuno. Los cambios están ocurriendo a una velocidad ininterrumpida. Si la iglesia permanece estática, no funcionará cabalmente ni realmente podrá ser sal y luz en este mundo. Los siervos de Dios son aquellos que juegan un papel fundamental en los cambios de la iglesia. Solo los cambios en los siervos de Dios traerán cambios en la iglesia.

La verdadera transformación comienza con cambios en nuestra manera de pensar. Romanos 12:2 dice: «No se amolden al mundo actual, sino sean transformados mediante la renovación de su mente. Así podrán comprobar cuál es la voluntad de Dios, buena, agradable y perfecta». Los siervos de Dios serán capaces de discernir la voluntad de Dios —lo que él considere bueno y agradable— cuando eviten la influencia de esta generación y se transformen renovando sus mentes. Cuando los siervos de Dios se transforman, los cristianos sobre los cuales estos siervos de Dios ejercen influencia también se transformarán.

Cristo dijo que debíamos poner el vino nuevo en odres

nuevos. Para oír el mensaje de Dios para esta generación que vive en un nuevo milenio debemos romper nuestros antiguos patrones y perspectivas y transformarnos.

Durante los últimos cuarenta y cinco años de mi ministerio, he escuchado la voz de Dios diariamente y he mantenido una estrecha relación con el Espíritu Santo. He buscado constantemente transformarme de acuerdo con la voluntad de Dios. La lucha para lograr tal transformación no es una tarea fácil. Sin embargo, nadie puede permitirse el lujo de permanecer estático en este mundo que continuamente cambia.

El siglo veintiuno requiere de nosotros que cambiemos más que nunca. He compilado este libro para ayudar a los siervos de Dios a ser líderes capaces de hacer frente a los retos del siglo veintiuno. Este libro es para todos los líderes espirituales. Oro pidiendo que aquellos que lo lean lleguen a ser líderes capaces en el nuevo milenio.

                    Julio 2003
                    Rev. David Yonggi Cho
                    Iglesia Yoido del Evangelio Completo
                    Seúl, Corea

Liderazgo espiritual para el nuevo milenio | Capítulo **1** |

FE

La fe de Dios

Las tres en punto de la tarde era la hora de oración para el pueblo judío. Cuando llegaba el tiempo para orar, los judíos dejaban de trabajar y se encaminaban al templo.

Hechos 3 dice que cuando Pedro y Juan estaban entrando al templo para orar, se encontraron con un hombre paralítico de nacimiento que unas personas llevaron en una camilla y lo colocaron a la entrada del templo. Cuando el paralítico vio a Pedro y a Juan que estaban por entrar, les pidió dinero.

Como respuesta, Pedro ordenó al hombre: «—No tengo plata ni oro —declaró Pedro—, pero lo que tengo te doy. En el nombre de Jesucristo de Nazaret, ¡levántate y anda!» (Hechos 3:6). Habiendo dicho estas palabras, Pedro tomó la mano derecha del hombre y lo ayudó a levantarse. Entonces el milagro de Dios hizo que el hombre recobrara el control de sus pies y piernas y caminó, saltó y alabó a Dios.

Hay una cosa que deberíamos recordar acerca de esta historia bíblica. Solo el decir «En el nombre de Jesucristo de Nazaret, ¡levántate y anda!», no es suficiente para que un milagro se produzca o para que un paralítico camine.

Un día, un pastor coreano fue a una plaza de mercado y vio a un paralítico mendigando en la calle. El pastor llevó al hombre a una callejuela. Miró cuidadosamente para asegurarse que no había alguien más por allí y gritó: «No tengo plata ni oro pero lo que tengo te doy. En el nombre de

Jesucristo de Nazaret, ¡levántate y anda!» Tomó al paralítico por la mano derecha y trató de levantarlo. Ahora, el paralítico que había seguido al pastor hasta esta calle trasera esperando recibir algún dinero se encolerizó por tal conducta absurda y lo empujó. Comenzó a buscar piedras en la tierra para arrojárselas mientras que le gritaba insultos. El pastor atemorizado huyó de la escena pensando: «¡Paticas, para qué te quiero!» Después de esto se preguntó: «Si Pedro fue capaz de hacer esto, ¿por qué no yo?»

Pedro le dijo a la multitud: «Por la fe en el nombre de Jesús, él ha restablecido a este hombre a quien ustedes ven y conocen. Esta fe que viene por medio de Jesús lo ha sanado por completo, como les consta a ustedes» (Hechos 3:16).

Había algo especial en Pedro, porque él tenía la fe que viene por medio de Jesús. Está escrito en Marcos 11:22,23 que Cristo le dijo a sus discípulos: «"Tengan fe en Dios" ... Les aseguro que si alguno le dice a este monte: "Quítate de ahí y tírate al mar", creyendo, sin abrigar la menor duda de que lo que dice sucederá, lo obtendrá». La frase en el versículo 22: «Tengan fe en Dios» es έχετε πίοτιυ θεού y significa literalmente «posean la fe de Dios».

Con la fe humana, la fe que viene de los seres humanos, no se puede mover una montaña ni ponerla en el mar. Solo se puede lograr por medio de la fe divina, la fe que Dios pone en el corazón humano. El paralítico pudo ponerse en pie, no por la fe de Pedro, sino por la fe que vino de Dios.

Hay una diferencia definida entre la fe que se origina en los seres humanos y aquella que viene de Dios. Cuando una persona confía en el nivel humano y espera ciertas cosas, el resultado puede ser diferente del de sus esperanzas. Sin embargo, cuando la fe que Dios da se manifiesta, los milagros de Dios llegan a ser ciertos. Dado que la fe que viene de Dios tiene una fuerza motora creativa, a esta clase de fe con toda seguridad le seguirá un milagro.

Por esta razón, no debemos confundir «confianza» de parte de los seres humanos con «fe» que viene de Dios. Si oramos por el enfermo confundiendo nuestra propia fe con la fe que viene de Dios, no veremos suceder un milagro. Sin embargo, si oramos por el enfermo cuando la fe de Dios viene a nuestros corazones, sucederá un milagro.

Mi oración por el enfermo no sana necesariamente a todos aquellos por quienes oro. La sanidad depende de la autoridad de Dios y su voluntad. A veces, Dios no desea la sanidad de cierta persona en un momento dado. En esos tiempos tal vez Dios quiera que la familia de esa persona venga primero a Cristo, para arrepentirse y recibir la salvación. Cuando Dios sana al enfermo de acuerdo con su voluntad y me hace consciente de ello, yo anuncio: «Hoy ha sido sanada tal y tal enfermedad».

En Efesios 2:8 está escrito: «Porque por gracia ustedes han sido salvados mediante la fe; esto no procede de ustedes, sino que es el regalo de Dios». Es solo por medio de la fe, el don de Dios, que nosotros podemos aceptar a Jesús como Salvador y recibir salvación. Bombardear a un incrédulo con la totalidad del mensaje de Dios no conduce a esa persona a Cristo. En su lugar, testificar acerca de Jesús es mucho más efectivo cuando uno ora por la plenitud del Espíritu Santo y le pide que presente la dádiva de la fe al incrédulo.

A cada creyente Dios le da una medida de fe. La obra creadora de Dios que hace milagros no proviene de nuestra fe. Cuando esperamos un milagro de Dios con nuestra fe, la fe de Dios vendrá a nosotros y veremos ocurrir milagros.

Conocí a un pastor americano, el Dr. Price, que era famoso por la sanidad divina. Mientras él oraba por los enfermos, durante una reunión de avivamiento, una mujer trajo a su hijita para que orara por ella. No tenía fuerzas en sus piernas y lógicamente no podía caminar bien. Cuando el pastor oró colocando sus manos sobre la niña, él sintió que repentinamente la fe salía de él. Se sintió incómodo, quitó sus manos de las piernas. Entonces sintió cómo volvía a llenarse de fe. Una vez más intentó orar por ella y colocó sus manos sobre la cabeza de la niña. Otra vez sintió que se quedaba sin fe. Él le dijo a la madre: «Hermana, cada vez que pongo mis manos sobre su hija, siento que la fe se va. ¿Asiste usted a la iglesia regularmente?» El rostro de la mujer palideció y dijo: «He dejado de ir a la iglesia desde hace mucho tiempo. Ahora voy a un curandero».

Si Dios le hubiera dado al Dr. Price el poder de sanar a cualquiera que él quisiese, entonces habría sanado a la niña aquel día y la madre continuaría visitando a los curanderos. Si esto hubiera sucedido, la mujer nunca habría llegado a ser una buena cristiana.

Dado que el Dr. Price pudo sentir que la fe se le iba cada vez que ponía las manos sobre la niña, él descubrió que su madre había estado visitando curanderos y así fue capaz de corregir el gran error de la señora.

Cuando el Dr. Price la urgió a arrepentirse, lágrimas de arrepentimiento brotaron de sus ojos. Después de esto, el Dr. Price fue capaz de poner sus manos sobre la hija de la mujer y Dios sanó a la niña.

Es una cosa buena que Dios no nos conceda todo lo que queremos. Solamente nos concede lo que es verdaderamente bueno para nosotros.

¿Qué debiéramos hacer para recibir la fe de Dios?

Primero, debe haber arrepentimiento.

Debemos arrepentirnos de todas nuestras desobediencias a la Palabra de Dios y de nuestra rebelión contra su voluntad. Muchos ansían recibir la bendición de Dios pero tienen un ojo ciego para su pecado. Sin embargo, no es posible que podamos recibir la bendición de Dios cuando vivimos en pecado. Primero debemos arrepentirnos.

Segundo, debemos dar nuestras vidas a Dios.

«No sea lo que yo quiero, sino lo que quieres tú». Esta debe ser nuestra actitud. Cuando tenemos esta actitud, Dios siempre nos pregunta: «¿Está bien aunque yo no conteste tu oración y no te sane? Creerás en mí aunque yo no te dé la bendición por la cual estás orando?» En otras palabras, él nos pregunta qué clase de actitud tenemos, si solo creemos cuando nos bendice pero no creemos cuando no nos da las bendiciones, o creemos y le obedecemos diciendo: «Si esta es la voluntad del Señor, no importa si prospero o no, o si vivo o muero». Por tanto, cuando tenemos una actitud de obediencia a Dios entonces podemos recibir la fe de Dios.

Tercero, debemos tener paciencia.

Para recibir las bendiciones de Dios, las cuales nos afectan física y ambientalmente, primero debemos arreglar nuestros problemas espirituales. Para recibir la fe de Dios, debemos primero arrepentirnos. En segundo lugar, debemos dar nuestras vidas a Dios por completo. Finalmente, debemos esperar que Dios nos conceda su fe.

Por ejemplo, un enfermo necesitado de la sanidad divina primero debe arrepentirse de sus pecados, luego determina firmemente vivir no de acuerdo con su voluntad, sino de acuerdo con la voluntad de Dios y por último él o ella debe esperar por el milagro de Dios. La mujer con hemorragias tenía la fe de que con solo tocar el manto de Jesús, sería sanada de su enfermedad. De la misma forma Dios nos dará tal fe en nuestros corazones. Cuando recibimos esta fe, seremos sanados por medio del milagro de Dios.

Además de sanarnos, cuando oramos y esperamos pacientemente al Señor, también recibiremos bendiciones materiales y encontraremos soluciones para nuestros otros problemas. Esperar con paciencia es una necesidad absoluta. Dar vueltas pretendiendo hacer la voluntad de Dios sin su fe, no importa cuán ocupada parezca que una persona esté, es infructuoso. Sin embargo, esperar pacientemente después de orar y recibir la fe de Dios y luego ir a trabajar haciendo la voluntad de Dios dará como resultado un fruto abundante. Así que, yo estoy orando para que tú puedas recibir la fe de Dios y lleves a cabo la obra del Señor.

De acuerdo con la medida de la fe

Los pastores debieran conocer y hablar con personas de todas las esferas sociales y compartir la Palabra del Señor con ellas. Algunas veces esto puede hacer pensar al pastor que él o ella no solo deben ser expertos en la Biblia sino también en todo lo demás. Sin embargo, si un pastor emplea mucho tiempo obteniendo conocimientos de política, economía, cultura, sociedad, etc. a menudo puede descuidar el estudio de la Biblia, lo cual debe tener prioridad.

Cuando un siervo de Dios descuida el estudio de la Biblia también llega a ser infructuoso en todas las otras áreas. Los siervos de Dios son un pueblo especial escogido por Dios para esparcir el evangelio, así que deben concentrarse en el estudio de la Biblia y la oración, y ser obedientes al Espíritu Santo. Cuando un pastor no sigue la voz del Espíritu Santo sino que ministra de acuerdo con sus ideas humanísticas, se convierte en un fracasado ante Dios.

Por lo tanto, un pastor debe primero y principalmente ser un experto en la predicación de la Palabra de Dios y la enseñanza de la misma, antes de convertirse en experto en el conocimiento secular.

Cuando Dios escoge a sus siervos, no es su voluntad hacer de ellos unos «sábelo todo». Si Dios llama a cierta

Capítulo 1 • Fe

persona para que sea su siervo, él quiere que trabaje de acuerdo a la medida de su fe. Por ello, un siervo de Dios debe pensar de acuerdo a la medida de su fe y obedecer a Dios hasta lo sumo. Está escrito en Romanos 12:3: «Nadie tenga un concepto de sí más alto que el que debe tener, sino más bien piense de sí mismo con moderación, según la medida de fe que Dios le haya dado».

Aun antes de la creación del mundo, Dios nos escogió para ser sus siervos y preparó nuestro camino en Cristo (ver Efesios 1:4, 5; Jeremías 1:5). Por esta razón, un siervo de Dios estará errado si va por el camino por su cuenta olvidando el propósito para el cual Dios lo escogió. Trabaja fielmente de acuerdo con el llamamiento de Dios y él te reconocerá y felicitará.

Cuando yo tenía cuarenta años se me ocurrió que sería mejor que continuara mis estudios que había dejado para atender mi ministerio, pensando que algún día podría llegar a ser un erudito. Sin embargo, durante mi oración, oí a Dios que me decía: «Ahora tienes más de 40 años. Yo quiero que dediques el resto de tu vida a ser un pastor. No quiero que seas ni un erudito ni un médico. Tú eres un pastor. Por lo tanto, dedícate solo a tu ministerio. Estudia la Biblia con diligencia de modo que puedas cuidar bien al rebaño que yo te he confiado. Ese es tu deber».

Desde que oí esas palabras he dedicado mi vida a la meditación de las Escrituras y a la oración, tanto como al cuidado de la grey. Como resultado, Dios me ha bendecido grandemente.

A una persona codiciosa le es fácil gastar su vida persiguiendo algo esquivo que siempre se hace difícil de encontrar. Hay una medida de fe que Dios ha distribuido a cada persona. Sin embargo, muchas personas empujadas por la codicia corren de aquí para allá para conseguir algo, solo para finalizar con sus vidas vacías.

Así que, cada uno de ustedes debe pensar seriamente en esta pregunta: «¿Para qué Dios me ha llamado?»

Tú también le debes dar toda tu devoción al propósito para el cual Dios te ha llamado. Si Dios te llamó a ser maestro, debes darte a la enseñanza. Si Dios te llamó a ser pastor, debes hacer lo mejor por predicar la Palabra, atender al rebaño y proteger la iglesia, el cuerpo de Cristo, de acuerdo con tu llamamiento. Si Dios te llamó a ser evangelista, debes dedicarte por completo a evangelizar y predicar el evangelio.

No obstante, si te vas más allá de la medida de fe la cual Dios te ha dado y tratas de imitar el ministerio de otros, fracasarás no solo en el ministerio sino también en tu vida. Es por esto que debemos hacer lo mejor que podamos de acuerdo con la medida de fe que Dios nos haya dado.

Hace mucho tiempo, cuando fui a los Estados Unidos, cometí un error de juicio y casi dí un paso más allá de la medida de fe. Mientras estaba esparciendo el evangelio en ese enorme país, mi tierra natal de Corea me pareció demasiado pequeña para mí.

Hubo algunas personas que trataron de persuadirme a permanecer en los Estados Unidos y predicar el evangelio al mundo entero. Así que comencé a orar. Entonces Dios me dijo: «Regresa a Corea, te llamé a ser un pastor en Corea, no en América». A pesar de todo, incapaz de abandonar mi apego a América, insistí en orar: «Oh, Dios, si ministro aquí en este enorme país, puedo hacer una obra mayor y realmente glorificarte más. Pero Dios me contestó resueltamente: «Regresa a Corea».

Entonces comencé a comprender con claridad que Dios no siempre quiere que hagamos cosas grandes por él. Dios desea que hagamos la obra que él nos asignó en el lugar que él escogió. Por tanto, está muy lejos de ser deseable lograr hacer una gran obra si ello significa dejar el lugar que Dios nos ha dado.

Desde ese día en adelante no he hecho algo para lo cual Dios no haya dado su aprobación. Para los siervos de Dios, lo más importante es obedecer Su voluntad.

No siempre Dios se goza más cuando hacemos la obra

Capítulo 1 • Fe

más grande para él. Aunque pensemos que cierta cosa es una obra grande, para Dios puede ser algo sin importancia. Por el contrario, una cosa que pensamos que es algo trivial, puede ser muy grande para Dios. Así que lo que Dios quiere es simplemente obrar a través de nosotros y que nosotros trabajemos donde él ha escogido que lo hagamos.

Una vez oí un testimonio de un evangelista famoso. Un día, cuando él era un laico, estaba orando y Dios le dijo: «Ve a cierta montaña en Canadá. Intérnate bien en ella y predica allí». Él se quedó pasmado porque esa era una montaña remota e inhabitada y nadie lo podría oír. Sin embargo, no pudo desobedecer un mensaje tan claro de Dios y en contra de su voluntad fue a la montaña y predicó el sermón.

No mucho después llegó a ser un siervo de Dios y pronto se olvidó de aquel incidente. Un día un caballero llegó hasta él y lo saludó. El pastor lo miró cuidadosamente, pero no lo reconoció.

Después de oír lo que el hombre le dijo, el pastor recordó su sermón en la montaña y comprendió por qué Dios lo había enviado allí. De acuerdo con su relato, aquel mismo día el hombre había ido a la montaña para suicidarse y de algún lugar que él no pudo descubrir, oyó a alguien predicando. Se escondió detrás de algunos árboles y escuchó el sermón. Luego se arrepintió y aceptó a Cristo como su Salvador. Llegó a ser pastor y escribió muchos cantos para glorificar al Señor.

Este testimonio muestra claramente que Dios en verdad obra de maneras misteriosas las cuales no podemos comprender. ¿Cómo podría alguien pensar que un hombre estuviera en la montaña a esa misma hora para escuchar un sermón? Sin embargo, Dios envió a un predicador a la montaña para salvar a una persona.

Una persona a quien Dios ha llamado para ser su siervo debe hacer la obra que Dios desea, aunque no le guste ese trabajo. Es más, si esa persona es un pastor que se ha dispuesto a vivir de acuerdo con la voluntad del Señor, dedicando su vida completa a él, esa persona no debe calcular ni pensar en términos humanos.

Por eso oro pidiendo que tú puedas vivir una vida que agrade a Dios con la medida de fe que Dios te haya dado y que cuando Jesús regrese pueda alabarte, diciendo: «¡Bien hecho, buen siervo y fiel!»

Capítulo 2

EL ESPÍRITU SANTO

Ser llenos con el Espíritu Santo

Jesús dijo: «Lo que nace del cuerpo es cuerpo; lo que nace del Espíritu es espíritu» (Juan 3:6). Por ello la obra de la carne no puede transformarse en la obra espiritual, no importa lo mucho que uno se esfuerce. No podemos heredar el reino de los cielos por las obras de la carne.

Dios solo reconoce la obra de un pastor cuando este predica el evangelio y ora de acuerdo con la dirección del Espíritu Santo. Aunque el trabajo que un pastor realiza por sus propios esfuerzos parezca que conduce a resultados tangibles, Dios no lo reconoce así. Todo trabajo que resulta del esfuerzo propio de un pastor se tornará en polvo. Es por eso que para la obra espiritual, los pastores deben esperar pacientemente ante Dios para ser llenos del Espíritu Santo, orando continuamente y armándose con la Palabra de Dios.

En Lucas 4:14-15 está escrito: «Jesús regresó a Galilea en el poder del Espíritu, y se extendió su fama por toda aquella región. Enseñaba en las sinagogas, y todos lo admiraban».

Cuando Jesús nació, nació del Espíritu Santo. Cuando fue tentado en el desierto, oraba o estaba ocupado en otros asuntos, pero el Espíritu Santo siempre lo guió. Cuando comenzó su ministerio, no lo hizo solo sino con la ayuda del

Espíritu Santo. Cristo esperó treinta años para comenzar su ministerio a fin de que el Espíritu Santo lo guiara.

Cuando Cristo fue a la sinagoga en Nazaret, la porción de la Escritura que leyó estaba relacionada con el Espíritu Santo. «El Espíritu del Señor está sobre mí, por cuanto me ha ungido para anunciar buenas nuevas a los pobres. Me ha enviado a proclamar libertad a los cautivos y dar vista a los ciegos, a poner en libertad a los oprimidos, a pregonar el año del favor del Señor» (Lucas 4:18, 19; Isaías 61:1-2). Aun Jesucristo que creó el mundo y tiene autoridad sobre todas las cosas en el mundo dependía del poder del Espíritu Santo en su ministerio.

Además, precisamente antes de ascender, Jesús le dijo a sus discípulos: «No se alejen de Jerusalén, sino esperen la promesa del Padre, de la cual les ha hablado: Juan bautizó con agua, pero dentro de pocos días ustedes serán bautizados con el Espíritu Santo» (Hechos 1:4-5).

Si ignoramos al Espíritu Santo que Cristo mismo mencionó y del cual dependió, estamos cometiendo un gran error.

Cuando trabajamos para Dios y esparcimos el evangelio, si oramos dependiendo de la Palabra y esperamos ser llenos con el Espíritu Santo y luego vamos y esparcimos el evangelio con la mente así preparada, el poder del Santo Espíritu se manifestará en nuestro trabajo. Sin embargo, si vamos y esparcimos el evangelio sin ninguna preparación para recibir el Espíritu Santo, no hablaremos otra cosa que palabras sin significado.

Dijo Dios en Jeremías 23:29: «¿No es acaso mi palabra como fuego, y como martillo que pulveriza la roca?» Las palabras que brotan de la plenitud del Espíritu Santo tienen el poder de quebrar en pedazos los corazones de piedra. Por eso, cuando los siervos de Dios obran en su nombre, es imperativo que continuamente ellos se llenen con el Espíritu Santo y que él los guíe.

La relación entre el don de Dios y el Espíritu Santo

«El que no escatimó ni a su propio Hijo, sino que lo entregó por todos nosotros, ¿cómo no habrá de darnos generosamente, junto con él, todas las cosas?» (Romanos 8:32). Dios nos da muchas dádivas y desea darnos más. Sin embargo, entre todas sus dádivas, la más preciosa es el Espíritu Santo porque cuando lo recibimos, toda gracia y bendiciones vienen a través de él. Permítasenos examinar la relación entre las dádivas de Dios y el Espíritu Santo.

Primero, la salvación, un regalo de Dios que significa que el Espíritu Santo mora en nosotros como la vida eterna de Cristo. Está escrito en 1 Corintios 12:3: «Por eso les advierto que nadie que esté hablando por el Espíritu de Dios puede maldecir a Jesús; ni nadie puede decir: "Jesús es el Señor" sino por el Espíritu Santo».

«Vida eterna» significa recibir la vida de Cristo y vivir para siempre por medio de Cristo. En otras palabras, cuando el Espíritu Santo reside en nosotros como la vida eterna de Cristo, podemos también tener esa vida eterna. Por lo tanto, «salvación» significa tener al Espíritu Santo que viene y reside en nosotros como el Espíritu de Jesucristo. No podemos separar la salvación de la obra del Espíritu Santo.

Segundo, el don de la sanidad divina, una dádiva de Dios

que significa que el Espíritu Santo sana nuestras enfermedades por medio de la vida de la resurrección de Cristo. Esta sanidad es una bendición que recibimos como resultado de la redención de Jesucristo en la cruz. De acuerdo con esto, cuando el Espíritu Santo, el Espíritu de Cristo, viene a nosotros, podemos experimentar la sanidad divina. Por esta razón, aunque el Espíritu Santo nos pudiera sanar cuando viene a nosotros, si abandonamos a Cristo y regresamos a nuestros caminos malvados, el Espíritu Santo se irá de nosotros y otra vez seremos afligidos con las enfermedades.

Tercero, justicia, un don de Dios que significa que el Espíritu Santo, el Espíritu de Justicia, nos posee. En la actualidad, uno de los problemas más serios de los siervos de Dios es que sus vidas no reflejan el sermón que predican desde el púlpito. Esto es como burlarse de alguien y luego decirle: «Yo te respeto».

Hoy en día muchos siervos de Dios consideran al Espíritu Santo como algo sin inteligencia, emoción ni voluntad. Este es un error serio. El Espíritu Santo no es una cosa, sino una Persona que tiene inteligencia, emoción y voluntad. Es la justicia del Espíritu Santo la que nos hace justos.

Un pastor siempre debe tratar de ser santo y devoto ante Dios y ante los seres humanos. Cuando un pastor no tiene una actitud de reverencia y respeto por el Espíritu Santo, lo trata como si este fuera una cosa. El Espíritu Santo es el Dios viviente que da a cada uno varios dones y obra a través de nosotros.

Además de eso, algunos pastores piensan que ellos mismos dan los dones de Dios. Esto es también un gran error. En su oportunidad Dios abandonará a tales pastores y ellos fallarán en su ministerio. Los siervos de Dios son personas que tienen la gran responsabilidad de predicar y orar dependiendo solo del Espíritu Santo. Es por eso que cuando predican el evangelio u oran por los enfermos, deben someterse al Espíritu Santo de modo que él pueda obrar por medio de ellos. Sin embargo, debemos recordar que el Espíritu Santo no ayudará a una persona que solo pide la sanidad divina pero que no se arrepiente ni crece en Jesús. Para recibir la sanidad de Dios, uno debe vivir una vida enfocada en Cristo. Entonces el Espíritu Santo, el Espíritu de vida, vendrá a esa persona, morará en el cuerpo y echará fuera su enfermedad.

Recibir las bendiciones de Cristo está relacionado con el Espíritu Santo. Cuando el Espíritu Santo, el Espíritu de bendición obra en nosotros, siempre seremos bendecidos. Cuando el Espíritu Santo no obra, no habrá ni salvación, ni sanidad, ni bendición. La bendición y los milagros solo vendrán cuando el Espíritu Santo nos controle, controle nuestros hogares y nuestro ministerio.

Cuando miro hacia atrás a mi ministerio, veo que hubo tiempos en que hice ciertas cosas sin comprender realmente por qué las hacía. A veces estaba en la plataforma cuidando más de mi éxito como pastor que de mi amor por la congregación. Pero hoy comprendo la gran importancia de salvar cada alma y traer a las gentes a Dios, antes que ser un pastor de éxito.

Algunas veces, también en el pasado, no respeté ni obedecí al Espíritu Santo, sino que lo consideré como una cosa que yo poseía, como poseer un objeto. Eso se debe a que a veces el Señor me golpeaba por un lado, aunque por el otro lado recibía bendición por la predicación del mensaje pentecostal.

Hoy en día muchos de los siervos de Dios reciben preparación teológica y consideran su ministerio como una carrera de alguna clase. Muchos de ellos niegan el poder viviente del Espíritu Santo y no aceptan su obra. Por consecuencia, muchos ministros muestran una vida diferente en la iglesia a la que viven cuando están fuera de ella. Aquellos que llevan vidas tan hipócritas pueden parecer felices y vivos en lo exterior, pero en realidad están muertos por dentro.

Los pastores siempre deben reconocer y dar la bienvenida al Espíritu Santo y vivir vidas santas. Si un siervo de Dios hace chistes acerca de Dios y habla de cosas mundanas en el hogar, Dios no lo ungirá cuando vaya al púlpito y lo invoque. Es por ello que un pastor debe llevar una vida santa durante toda la semana y estar consciente de sus palabras y comportamiento, incluso con los amigos más íntimos.

Los siervos de Dios son discípulos de Cristo que ya han abandonado su codicia por las cosas de este mundo. Cristo dijo: «Si alguien quiere ser mi discípulo, que se niegue a sí mismo, lleve su cruz cada día y me siga» (Lucas 9:23), y «el que no toma su cruz y me sigue no es digno de mí» (Mateo 10:38).

Además, este mundo ha abandonado a los siervos de Dios. Hay una razón por la cual yo he dejado de ver a mis amigos mundanos. Cada vez que nos reunimos la conversación siempre se centra alrededor de las cosas de este mundo, cosas que son inmundas y corruptas.

Aun con nuestros padres, hijos o familiares, si ellos no son cristianos, es difícil tener una conversación con ellos. Hemos perdido a nuestros amigos, nuestros familiares y nuestras amistades. Si mantenemos su compañía haciendo chistes y hablando las cosas del mundo, alejaremos al Espíritu Santo.

Dios nos llama a participar de su obra, y debemos vivir de acuerdo con su voluntad. Debemos reconocer que es un gran honor trabajar para Dios y debemos disfrutar del gozo del Señor y de la gran felicidad al hacer su voluntad.

Ya que hemos sido llamados a ser siervos, debemos esforzarnos al máximo en nuestro ministerio. Debemos dar la espalda al mundo y no mirar atrás. La tibieza no es aceptable en el servicio del Señor. Él dijo a la iglesia de Laodicea, la cual era tibia: «Por tanto, como no eres ni frío ni caliente, sino tibio, estoy por vomitarte de mi boca» (Apocalipsis 3:16).

Sería una tragedia muy grande que un siervo llamado por Dios llegara a ser un fracasado y que él lo abandonara.

Cuando nosotros, los siervos de Dios, aceptamos a Cristo, le servimos y el Espíritu Santo controla nuestro trabajo y el Trino Dios se complace, y las aguas vivas fluirán de nuestro interior como un río.

Un pastor me pidió que orara por él diciendo: «Fallé en mi ministerio porque no tengo talento para hablar con elocuencia». Cuando le oí decir esto, sentí la tristeza del Espíritu Santo. Cometemos un gran error al pensar que si pudiéramos hablar con elocuencia, pudiéramos tener éxito como pastores. Las gentes no vienen a la iglesia a oír sermones elocuentes. Ellos vienen a la iglesia para alimentarse con el alimento espiritual que viene de la Palabra de Dios.

Pido a todos los siervos de Dios que se den a él y sean herramientas para que el Espíritu Santo los use. Oro que el poder del Espíritu Santo fluya de nosotros mientras conocemos y ayudamos a cada alma perdida. Este es el ministerio de los siervos de Dios. No importa cuán grande o pequeño parezca nuestro ministerio, debemos permitir que el Espíritu Santo obre a través de nosotros de la manera más poderosa.

Que cada uno de nosotros sea un canal del Espíritu Santo. Permítasenos encaminar todos nuestros esfuerzos hacia la salvación y el cuidado de los cientos y miles de almas que se nos han confiado. Cuando lo hagamos así, Dios nos alabará diciendo: «¡Hiciste bien, siervo bueno y fiel! Has sido fiel en lo poco; te pondré a cargo de mucho más. ¡Ven a compartir la felicidad de tu señor!» (Mateo 25:23).

Ser guiados por el Espíritu Santo

Una de las cosas más importantes en el ministerio no es hacer planes por adelantado a la dirección del Espíritu Santo. Aunque a veces sentimos la necesidad de comenzar un nuevo plan o proyecto, debemos refrenarnos hasta que el Espíritu Santo nos guíe. Debemos seguir su dirección. Cuando el Espíritu Santo nos mueve a hacer cierta cosa debemos abandonar nuestros planes y obedecerle inmediatamente.

La Biblia compara al Espíritu Santo con el «viento». En Juan 3:8 está escrito: «El viento sopla por donde quiere, y lo oyes silbar, aunque ignoras de dónde viene y a dónde va. Lo mismo pasa con todo el que nace del Espíritu». Por esto, los pastores que están haciendo el ministerio de Dios deben reconocer la dirección irresistible del Espíritu Santo.

La mayoría de los pastores, sin embargo, sin consultar ni obedecer al liderazgo del Espíritu Santo, hacen grandes planes detallados para su ministerio. ¡Eso está mal! Tales planes no vienen de la inspiración y el liderazgo del Espíritu Santo y no tienen el poder de Dios apoyándolos.

Desde luego, un pastor debe hacer planes para su ministerio. También debe hacer un programa para el servicio de adoración. Pero más que todo, un pastor debe dejarse guiar por el Espíritu Santo, siempre sensible a su dirección y obediente a su liderazgo. Por eso es que el pastor debe orar sin cesar. Por medio de la oración uno aprende a comunicarse con el Espíritu Santo. Un pastor que no tiene esa práctica no será capaz ni siquiera de reconocer la obra del Espíritu Santo, minimizando así la eficiencia de su obra.

Como siervos de Dios, no debemos olvidar de tener al Espíritu Santo como nuestro Socio Principal en nuestro ministerio. No podemos ministrar por nosotros mismos. Cuando nos paramos detrás del púlpito con la Palabra de Dios, el Espíritu Santo debe ser nuestro Maestro. Debemos dejar que él pronuncie su mensaje. Una vez que se haya dado el mensaje, debemos usar los dones del Espíritu Santo. Los dones del Espíritu Santo que Dios nos ha dado deben revelarse.

Además, un pastor debe predicar el mensaje poderosamente con señales del Espíritu Santo siguiendo el mensaje. En Marcos 16:17 está escrito: «Estas señales acompañarán a los que crean». Las señales seguirán a nuestra predicación del evangelio.

Debemos discernir los dones del Espíritu. De otro modo no sucederán milagros. Es más, debido a que los dones del Espíritu Santo son señales que siguen a nuestro mensaje, debemos primero ir adelante con fe. Si nos quedamos quietos, el Espíritu también se quedará quieto y no se verán las señales. Cuando tenemos fe en Dios y vamos adelante confiando en él, el Espíritu nos ayuda y las señales siguen a nuestro ministerio.

Hay una razón por la cual las grandes obras milagrosas del Espíritu Santo no están ocurriendo hoy en la iglesia como sucedió durante el período de la iglesia primitiva. Esto es porque fallamos en obedecer al Espíritu, no reconociendo su obra; aunque él está deseoso de trabajar con nosotros y esperando para hacerlo.

Incluso ahora el Señor quiere trabajar con nosotros y revelar las señales del Espíritu Santo. Es por eso que un pastor debe tener la habilidad espiritual aguzada para reconocer la obra del Espíritu Santo. Es más, un pastor debe entrar en una relación profunda con Dios para aguzar el discernimiento espiritual al discernir lo espiritual.

Así como reconocemos fácilmente la voz de nuestros amigos en el teléfono, podemos reconocer la voz de Dios con facilidad si diariamente tenemos un compañerismo profundo con él por medio de la meditación en su Palabra y la oración.

Cuando un siervo de Dios obedece y él lo guía, su ministerio está lleno de vitalidad y gran éxito.

Los requisitos para la obra del Espíritu Santo

«¿Acaso no saben que su cuerpo es templo del Espíritu Santo, quien está en ustedes y al que han recibido de parte de Dios?» (1 Corintios 6:19).

El manantial de nuestro poder es el Espíritu de Dios que reside en nosotros. Dios, quien creó este universo, revela su gloria, poder y autoridad por medio de nosotros. Sin embargo, si carecemos de algo en los aspectos siguientes, el Espíritu Santo no obra en nosotros.

Primero, siempre debemos tener pensamientos correctos. Nuestros pensamientos deben resonar con los pensamientos de Dios. En otras palabras, nuestros pensamientos deben ser un eco de los pensamientos de Dios.

Miremos a Abraham, el padre de la fe. Está escrito en Hebreos 11:19: «Consideraba Abraham que Dios tiene poder hasta para resucitar a los muertos, y así, en sentido figurado, recobró a Isaac de entre los muertos». El pensamiento de Abraham de que Dios podía levantar a los muertos, fue un eco de Dios, quien en realidad podía resucitar a los muertos. Por eso Abraham fue capaz de colocar a su único hijo sobre el altar para ser sacrificado, de acuerdo con la orden de Dios.

Cuando pensamos desde el punto de vista de nuestros sentidos, conocimiento y experiencia, solo podemos preguntar:

«¿Cómo podía Isaac regresar a la vida después de haber sido cortado en pedazos y quemado?» Sin embargo, Abraham no fue sacudido por sus pensamientos y experiencias, sino que obedeció completamente a Dios y mostró una creencia firme y absoluta de que Isaac viviría otra vez. Como resultado, el Todopoderoso Dios no mató a Isaac, sino que levantó a Abraham y lo bendijo grandemente porque sus pensamientos fueron un eco de los de Dios.

Si siempre estás lleno de pensamientos negativos, eres un fracasado como siervo de Dios, porque él usa a los que piensan: «Sí, eso puede hacerse». Pero no usa a los que piensan: «No, eso no se puede hacer».

Así es también cuando estamos predicando el evangelio parados detrás del púlpito, debemos pensar: «Yo puedo hacer esto». O, «Yo puedo hacer esto con éxito», y entonces Dios obra en verdad por medio nuestro, de modo que la iglesia pueda experimentar el crecimiento. En Marcos 9:23 la Biblia nos dice: «Para el que cree, todo es posible».

Nuestras situaciones y ambiente son como espejos de nuestros pensamientos. Es verdad que nuestros pensamientos de hoy llegan a ser nuestra realidad mañana. Mira los adelantos modernos en la ciencia. Todo vino a través de las mentes y pensamientos de la humanidad.

¿Qué es lo que hoy está en tu mente y corazón? ¿Es descontento, envidia o queja? ¿Eres prisionero del odio, el temor, la culpa, la frustración o la desesperación? Dios no obra con las mentes y corazones llenos de negativismo, ni a través de ellas.

Debemos efectuar una revolución en nuestro pensamiento por medio de la oración y la Palabra de Dios. Se deben transformar las ideas y los pensamientos que hemos heredado desde el nacimiento y de las tradiciones. Debemos llenar nuestras mentes con el Evangelio de Cinco Aspectos y la Bendición de Tres Aspectos. Además, debemos llenar las mentes de nuestras congregaciones con lo mismo. Cuando lo hacemos así, llevamos frutos asombrosos en nuestras vidas y ministerio.

Segundo, el Espíritu Santo obra por medio de nuestra fe. En Mateo 8:13 está escrito: «Todo se hará tal como creíste». Si creemos que podemos tener éxito y empleamos nuestros mejores esfuerzos, nos encaminamos al éxito. Si trabajamos diligente y prudentemente, creyendo en nuestro éxito, realmente viviremos vidas de gran bendición.

Sin embargo, si adoptamos una actitud negativa, la cual nos hace tener mentes estrechas en todas las cosas cuando decimos «No puedo hacerlo», no seremos capaces de trabajar con éxito. Cuando renunciamos de antemano diciendo: «Temo que voy a fallar», el fracaso nos seguirá automáticamente. Dado que la fe viene de nuestra actitud mental, primero debemos cambiar la manera en que pensamos. Luego debemos orar a Dios.

Debemos poseer gran fe. La fe pequeña engendra resultados pequeños; la fe grande engendra resultados grandes.

La primera vez que se planeó la Iglesia Yoido del Evangelio Completo, me dirigí a los arquitectos y les informé que quería un santuario que pudiera acomodar a diez mil personas. Los arquitectos me dijeron que con la tecnología arquitectónica de ese tiempo, solo era posible edificar un santuario que a lo sumo acomodara a cuatro mil personas. Así que un santuario para diez mil, estaba fuera de toda posibilidad.

Después de muchas discusiones largas sobre el asunto, nos decidimos por un santuario que acomodara siete mil personas. Sin embargo, el deseo de mi corazón siempre fue un santuario para diez mil personas. Mira ahora la Iglesia Yoido del Evangelio Completo. Después de las renovaciones, el santuario principal puede acomodar a doce mil personas a la vez. Si realmente se contaran los santuarios secundarios alrededor del principal, casi se pueden sentar a veintidós mil personas a la vez.

Cuando tenemos una fe fuerte, ciertamente será como creemos. Si de todos modos vamos a tener fe, ¿por qué no tenerla grande? Los que tienen una fe grande y fuerte vivirán vidas de grandeza y fortaleza.

Tercero, debemos soñar. El Espíritu Santo no obra a través de aquellos que no sueñan. Los «padres» de la fe en Hebreos 11 arrojan alguna luz sobre este asunto. Juzgados por las normas del mundo, todos ellos parecían anormales. Abraham, sin saber adónde iba, tomó a su familia y salió porque Dios se lo dijo. Noé comenzó la heroica construcción del arca aunque los días estaban llenos de sol y no había ni una sola nube en el cielo. En Hebreos 11 no se puede encontrar ni una sola persona que pudiera juzgarse normal por los patrones del mundo. Nuestra iglesia también fue el blanco de mucha crítica y ridículo, porque su construcción parecía ser una tontería.

Sin embargo, mira cuidadosamente al mundo. Los que avanzan son los que están completamente absortos en su trabajo o en sus sueños. La persona promedio en la calle no mejora mucho de año en año. Esto es porque aquellos que se consideran «normales» tienden a aceptar las ideologías que sus tradiciones y experiencias les otorgan. Carecen de creatividad para intentar algo nuevo. En otras palabras, no son soñadores. Los que progresan en este mundo son los que sueñan.

Pero los soñadores corren el peligro de que se les considere locos. Es inevitable, ya que soñar supone tener una visión acerca del futuro, aunque tenga su base en el presente. Cuando Edison soñó con el bombillo eléctrico, todos lo tildaron de loco. Cuando los hermanos Wright se propusieron construir una máquina voladora, todo el mundo, unánimemente, los calificaron de locos. En su tiempo Edison y los hermanos Wrigh no parecían ser realmente normales. Sin embargo, debido a sus sueños, la civilización actual ha llegado a ser lo que es hoy.

De la misma manera, los que aparecen en Hebreos 11, parecían locos. Sin embargo, eran gentes de gran fe en Dios. Todos ellos fueron soñadores.

Toda persona que haya sido escogida por Dios para ser líder, debe convertirse en soñador. Dado que el Espíritu Santo obra por medio de sueños y visiones, los que no sueñan no pueden esperar que el Espíritu Santo obre por medio de ellos. Los que no sueñan no pueden esperar milagros. Una persona sin sueños ni visión está condenada tanto como una nación en esa situación. Esa persona y esa nación perecerán.

¿Cuál es tu actitud hoy? ¿Estás deprimido con unos escasos cinco panes y dos pescados en el desierto? Abre tus alas de la fe y deja que los sueños y las visiones te lleven a lo alto. Serás capaz de alimentar a cinco mil hambrientos y de tener doce canastos sobrantes. Remóntate con tus sueños donde quiera que estés ministrando. Pronto tus sueños te llevarán a una realidad que ya no será un sueño.

Liderazgo espiritual para el nuevo milenio | Capítulo 3 |

LA ESFERA ESPIRITUAL

La cuarta dimensión espiritual

El ministerio del evangelio es un trabajo santo, el cual no está enraizado en el mundo físico tridimensional sino en la cuarta dimensión espiritual. Esto es porque nuestro Dios es espíritu. Sin embargo, el campo del diablo también es espiritual. La Biblia nos dice: «Porque nuestra lucha no es contra seres humanos, sino contra poderes, contra autoridades, contra potestades que dominan este mundo de tinieblas, contra fuerzas espirituales malignas en las regiones celestiales» (Efesios 6:12).

Los seres humanos también poseen almas. Aunque hay una diferencia entre una persona que tiene un alma viviente y otra que tiene el alma muerta, todos los seres humanos son espirituales. Por lo tanto, los pastores que enfocan su ministerio en el mundo físico tridimensional se dirigen al fracaso. Si un siervo de Dios entra en la dimensión espiritual solo con el conocimiento del mundo físico, el cual se adquiere por medio del sentido y la razón humana, ha comenzado a andar con el pie equivocado. Esto es porque el conocimiento basado solo en el mundo físico tridimensional no basta en el mundo espiritual.

Los siervos de Dios no deben ministrar basándose solo en el conocimiento, la experiencia, tradición y costumbres en relación con el mundo físico. En lugar de eso, deben comenzar con el conocimiento que también considera el mundo espiritual. La única manera que realmente tenemos de experimentar el mundo espiritual de la cuarta dimensión es que el Espíritu Santo nos guíe por medio de la Biblia, la Palabra de Dios.

El mundo tridimensional siempre está sujeto al mundo de la cuarta dimensión. La línea pertenece a la primera dimensión y la línea de una dimensión está bajo el gobierno de la superficie de dos dimensiones. Un plano está bajo el dominio del espacio. El mundo tridimensional y el espacio tridimensional están bajo el dominio del mundo espiritual de la cuarta dimensión. Esta es la ley general.

Por tanto, si un pastor entra al ministerio solo con la razón, experiencia y conocimiento humanos, tal pastor fallará en su lucha contra el diablo porque estos no pertenecen a la esfera espiritual.

Por ejemplo, las escuelas religiosas de los misioneros comenzaron con buenas intenciones. Sin embargo, no pasó mucho tiempo antes de que comenzaran a perder su foco original. Antes de ayudar a los estudiantes a tener una relación personal con Dios, algunos de ellos pusieron más obstáculos entre los estudiantes y Dios. Muchos estudiantes de estas escuelas no conocieron a Cristo, sino que solamente vieron los aspectos hipócritas de aquellos que se esperaba que tuvieran fe, lo cual trajo decepción a sus corazones.

En otras palabras, muchas de estas escuelas religiosas comenzaron con el buen propósito de llevar a los estudiantes a Cristo y glorificar a Dios. Sin embargo, al pasar el tiempo, el propósito original se deterioró y las escuelas comenzaron a limitar su enfoque hacia las cosas del mundo tridimensional. Esto hizo posible que Satanás y sus seguidores del mundo espiritual de la cuarta dimensión atraparan a los estudiantes.

Muchos pastores cometen este mismo error grave. Además, los siervos que se suscriben a la «nueva teología» tratan de analizar y comprender este mundo solo dentro del marco de la tercera dimensión. Ellos creen que este mundo puede llegar a ser un lugar bueno y maravilloso en el cual vivir por medio de la reforma social y la distribución justa de las riquezas y los bienes materiales.

Sin embargo, luego de la gran caída de la Unión Soviética y otros estados que trataron de poner en práctica esta idea ya se ha comprobado que tales creencias son desastrosas. El mundo físico tridimensional está bajo la autoridad del diablo y todos los seres gobernados por él están muertos espiritualmente. Si un pastor solo predica sermones tridimensionales acerca del mundo físico, las almas de la congregación se marchitarán y morirán.

En estos tiempos muchos jóvenes se van al extranjero con el propósito de hacer un trabajo grande para Dios. Sin embargo, cuando enfrentan los problemas de estudiar en países extranjeros, su celo inicial desaparece rápidamente.

Aquellos que se proponen estudiar más y recibir una maestría o un doctorado en teología, esperan triunfar en su ministerio en el mundo de la cuarta dimensión con su título y conocimientos que pertenecen al mundo tridimensional. No obstante, sus planes no pueden tener éxito.

El secreto para un ministerio triunfante es llevar adelante un ministerio enfocado en las Escrituras solo después de estudiar profundamente la Biblia. Y es por medio de la Biblia, la Palabra de Dios, que podemos obtener todo conocimiento del mundo de la cuarta dimensión espiritual. La Palabra de Dios y la obra del Espíritu Santo se combinan para destruir la autoridad del diablo y traer a la vida al espíritu muerto.

Muchos siervos de Dios han estremecido este mundo con el evangelio, pero no fueron muchos los que tuvieron una alta educación. Magníficos ministros como Moody, de los Estados Unidos y Spurgeon de Inglaterra, son buenos ejemplos. Aunque sus circunstancias les impidieron obtener una educación superior, y ambos estudiaron por su cuenta, llegaron a ser conocidos como los grandes intelectuales de su tiempo. Esto fue posible porque se liberaron del límite del mundo físico tridimensional y el Espíritu Santo y la Palabra de Dios los inspiraron profundamente.

Si visitamos los hogares o nos paramos detrás del púlpito para predicar un sermón o tenemos una conversación con alguien de nuestra congregación, debemos asegurarnos de no desviarnos de la Biblia. Cuando nuestras palabras y conversaciones se alejan de la Biblia y comenzamos a hablar sobre asuntos de este mundo, se abre una ventana de oportunidad para el furtivo ataque del diablo. La Palabra de Dios es la misma sabiduría de Dios, y solo su sabiduría puede vencer el engaño del diablo. Si encaramos al diablo con la sabiduría de Dios, podemos obtener la victoria. Sin embargo, si solo nos armamos con la sabiduría de este mundo, el diablo nos devorará.

Es maravilloso luchar para obtener una educación más alta. Pero si nos proponemos trabajar para Cristo no debemos confiar solo en la educación que provee un mundo tridimensional.

Cuando un joven entra al ejército, debe abandonar su ropa de civil y cambiarla por las ropas que el ejército provee. Del mismo modo, cuando se nos llama a ser siervos de Dios, nuestra prioridad debe ser el mundo espiritual de las cuatro dimensiones en lugar de nuestra educación y conocimiento de este mundo.

Lo que mueve a Dios es la Palabra de Dios y del Espíritu Santo. De la misma forma nosotros solo podemos vencer al diablo mediante la Palabra de Dios y del Espíritu Santo. Jesús dijo: «El Espíritu da vida; la carne no vale para nada. Las palabras que les he hablado son espíritu y son vida» (Juan 6:63). Así que, la Palabra de Dios y el Espíritu Santo son los que le dan vida al espíritu de una persona.

Nuestra batalla no es contra la carne y la sangre sino en contra de las fuerzas espirituales (Efesios 6:12). Así que, no debemos olvidar que nosotros somos los que tenemos el deber de guiar a las personas al mundo de las cuatro dimensiones.

Recordemos que somos personas que no vivimos de acuerdo con las leyes de este mundo, sino con las leyes eternas del mundo espiritual. El Espíritu de Dios mora en nosotros al mismo tiempo que nosotros moramos en el Espíritu de Dios. Para los que viven de acuerdo a las leyes de este mundo, tal vez parezca que somos tontos. Sin embargo, son ellos los que realmente son tontos.

Debemos recordar que pertenecemos al mundo espiritual. También debemos vivir como seres espirituales, pensando y hablando espiritualmente.

De la misma forma que el diablo y Jesús son entidades espirituales, tú y yo somos seres espirituales. Así que ya que nuestra lucha es de naturaleza espiritual, a donde quiera que vayamos debemos atar la autoridad del diablo y proveer paz espiritual en el nombre de Jesús.

Cada persona pertenece al Espíritu Santo o al diablo. No hay excepción. No hay terreno intermedio. Los que creen en Jesucristo pertenecen al Espíritu Santo y los que no creen pertenecen al diablo. Es por eso que este mundo es un campo de batalla entre el Espíritu Santo y el diablo.

En esta guerra entre Cristo y el diablo nosotros somos los soldados espirituales. Por eso, cuando enfrentamos los problemas no debemos resolverlos mediante el poder de la carne, sino a través del poder de las armas espirituales tales como la fe y la oración.

Usar nuestras armas en lugar de la fe y la oración seguramente nos conducirá al fracaso. Cuando usamos las armas de las tres dimensiones, es imposible derrotar al diablo que pertenece a la cuarta dimensión, es decir, la dimensión más alta. Por lo tanto, cuando entramos en la guerra espiritual, debemos armarnos con la Palabra de Dios y la oración. Si usamos los métodos de este mundo, es seguro que perderemos. Cuando llevamos a cabo la obra del evangelio, siempre debemos orar y usar la Palabra de Dios. Entonces llevaremos un fruto maravilloso.

Testificar a una persona es uno de los métodos más eficientes de la obra misionera. Pero un método todavía más efectivo para testificar es reunirse con un individuo y presentarle a Jesús, aunque a veces es necesario hablarle a una gran multitud para llevar a muchas personas a Cristo. En los tiempos de la iglesia primitiva el gran crecimiento no se debió a las cruzadas en masa, sino que tuvo lugar por medio del testimonio personal, de uno a uno.

El promedio de muerte entre los niños criados en los orfanatos es mayor que el de los criados en hogares. Los niños que se crían con sus padres en el hogar tienden a ser más saludables tanto física como mentalmente. De igual manera, mientras que las cruzadas pueden estimular positivamente a las grandes multitudes, un crecimiento espiritual más estable ocurre por medio de un compañerismo personal en reuniones de adoración en los hogares y las células de adoración.

Así que, para la expansión del reino de Dios es imposible sobreestimar la importancia de los servicios de las células de adoración. Cada una de las células y distritos componen el reino de Dios. Por esta razón, el éxito de mantener y extender cada célula y distrito representa el éxito para extender el reino de Dios. Si tú cuidas de las células, por favor, cuídalas con la Palabra de Dios y la oración.

Si no oramos y meditamos profundamente en la Biblia, no podemos esperar ser capaces de enseñar a otros. Un líder no puede hacer que su congregación crezca más allá de su propia espiritualidad. Por eso oro pidiendo que tú lleves fruto abundante al emplear más tiempo en la meditación de la Biblia y en oración.

Discernimiento del Espíritu

Cada siervo de Dios debe ser capaz de distinguir entre la obra del Espíritu Santo y la obra del diablo. Donde la obra del Espíritu Santo se efectúa con fervor, allí también aumenta la obra del diablo.

En lugar de ciegamente creer en cada espíritu, los pastores deben saber distinguir entre los espíritus, si un espíritu viene de Dios o del diablo. Dado que cada espíritu tiene su naturaleza propia y peculiar, podemos discernirlos observando su naturaleza.

Un día, un pastor en Seúl vino a verme y me dijo que sentía la impresión de tener un tipo de espíritu extraño, y no estaba seguro si era bueno o malo. Es decir, él no sabía si venía de Dios o del diablo. Así que me pidió que lo ayudara a discernirlo. Desde luego, le pedí que me contara todo lo que le había sucedido. Entonces me contó que había comenzado a profetizar desde que reconoció este espíritu extraño. Hubo veces cuando sus profecías fueron correctas y las cosas sucedieron exactamente como las había profetizado. Pero otras veces eran incorrectas y sus profecías no se cumplían. Cada vez que eran incorrectas, oía al espíritu diciéndole: «Te puse a prueba».

A veces, el espíritu le decía que escribiera algo y él obedecía. Pero después que escribía no entendía lo escrito. También me dijo que desde ese día se sentía horrorizado, como si algo se estuviera moviendo y arrastrando sobre él.

Esto es obra del diablo. No importa cuán arduamente el diablo trate de esconder su identidad. No puede hacerlo. Aunque un lobo se vista con la piel de una oveja, su identidad se revelará tarde o temprano. Así pues, cuando discernimos los espíritus, debemos hacerlo como Jesús nos enseñó.

Jesús dijo: «Del mismo modo, todo árbol bueno da fruto bueno, pero el árbol malo da fruto malo. Un árbol bueno no puede dar fruto malo, y un árbol malo no puede dar fruto bueno. Todo árbol que no da buen fruto se corta y se arroja al fuego. Así que por sus frutos los conocerán» (Mateo 7:17-20). Por esta razón podemos discernir con facilidad los espíritus, por su fruto.

Dios es santo y majestuoso, mientras que el diablo es astuto y frívolo. Por lo tanto, cuando Dios nos da visiones proféticas, él lo hace en una forma santa y majestuosa, y solo cuando es absolutamente necesario. Sin embargo, las profecías del diablo son frívolas y cambian con facilidad como el curso de un canal fluvial. El diablo se entromete en todas las cosas grandes y pequeñas, diciendo: «Usa tal y tales ropas hoy. Camina de esta forma y haz aquello, metiendo su nariz hasta en las cosas más triviales. Hasta nos amenaza diciendo: «Si no haces lo que te digo, tu hijo se verá envuelto en un accidente terrible y lo matarán de una forma temible». Es por eso que con facilidad discernimos los espíritus, porque de acuerdo a sus frutos conocemos su naturaleza.

Cuando el diablo entra en una persona, esta se siente intranquila, porque la naturaleza del diablo es la intranquilidad. El diablo, a quien ya Dios condenó, está destinado a la ruina. El diablo es inquieto. En Isaías 48:22 está escrito: «No hay paz para el malvado». Pero cuando el diablo entra al corazón de una persona, dicha persona estará nerviosa y ansiosa, y dondequiera que vaya causará problemas por medio de los celos y el odio.

Sin embargo, cuando el Espíritu Santo habita en una persona, esta rebosa de paz y de amor. En 1 Juan 4:8 la Biblia nos dice: «Dios es amor». Y en Juan 14:27 dice: «La paz les dejo; mi paz les doy. Yo no se la doy a ustedes como la da el mundo. No se angustien, ni se acobarden». Cuando estamos llenos del Espíritu Santo, el amor y la paz fluyen de nosotros en cantidad suficiente para compartirlos con otros.

En este mundo el pecado nos tienta continuamente. Sin embargo, el Espíritu Santo nos vigila a toda hora y nos conduce de modo que no sucumbamos a la tentación, sino que permanezcamos santos. Por otra parte, los que tienen al diablo dentro de ellos, están llenos de pensamientos oscuros, obscenos y viles.

El Espíritu Santo siempre nos enseña la verdad de la Biblia, mientras que el diablo nos dice cosas en contra de la Biblia. El diablo nos engaña diciéndonos que él es el Espíritu Santo y se excusa diciendo: «Solo es una prueba». Pero Dios no tiene que defenderse ni tampoco lo hace. Simplemente la Biblia, en Génesis 1:1, nos dice: «Dios, en el principio, creó los cielos y la tierra». Dios nunca explicó su existencia. Como resultado hay diferencias distinguibles entre el fruto del Espíritu Santo y el fruto del diablo para que podamos discernir los espíritus por sus frutos.

Algunas veces la obra de los espíritus malos se le aparece a un creyente que quiere tener la plenitud del Espíritu Santo. En este caso la gente dice que la persona está poseída por un espíritu malo. Sin embargo, esa persona no está poseída de un espíritu malo, sino que simplemente tiene la opresión de un espíritu malo. Llamamos a este caso la obra de dos espíritus. No significa que el Espíritu Santo y un espíritu malo habiten juntos en la misma persona, sino que el espíritu malo oprime y aflige temporalmente a una persona desde el exterior, aunque el Espíritu Santo habite en ella.

Por lo tanto, no podemos decir que un creyente en tal condición irá al infierno inevitablemente después de la muerte, porque esa persona ya aceptó a Cristo como su Salvador. Esa persona nada más estaba sufriendo de un ataque diabólico.

Capítulo 3 • La esfera espiritual

Así que debemos darle la bienvenida a la obra del Espíritu Santo, mientras que rechazamos la obra de los malos espíritus. Aunque rechacemos la obra de los espíritus malos, estos no se irán inmediatamente. Los espíritus malos luchan por permanecer y continuar sus ataques. Solo la obra constante del Espíritu Santo los forzará a retirarse.

Para ayudar a los creyentes que están oprimidos por los malos espíritus, los pastores primero debemos calmarlos y después enseñarles la Palabra de Dios con la cual ellos pueden armarse y pelear contra los espíritus malignos. Entonces los malos espíritus desaparecerán. Nosotros, los siervos de Dios, debemos dirigir la batalla contra los malos espíritus.

En una iglesia donde a menudo se manifiesta la obra del Espíritu Santo de manera poderosa, los demonios ni siquiera pueden encontrar una brecha por la cual entrar. Pero en una iglesia donde raramente se manifiesta la obra del Espíritu Santo, o se manifiesta muy débilmente, podemos ver la obra de los espíritus malos. Una vez yo fui a predicar a unas campañas de avivamiento en varias provincias y oí a muchas personas sufriendo la opresión de malos espíritus. En ese tiempo no había mucho conocimiento en cuanto al Espíritu Santo y su movimiento no era ferviente. Entre las muchas personas llenas del Espíritu Santo, a veces una o dos decían estar oprimidas por el diablo. Por eso algunos creyentes tenían temor de recibir al Espíritu Santo.

Una vez supe de un pastor acabado de salir del seminario que fue como pionero a una iglesia del campo. En el servicio de adoración le gritó a voz en cuello a la congregación para que recibieran al Espíritu Santo. Pero en lugar de venir el Espíritu Santo apareció una horda de espíritus malignos visitando y asustando al joven pastor. Después de esto él dejó completamente el movimiento del Espíritu Santo.

Todos los siervos de Dios deben tener mucho cuidado acerca de la obra obstigadora del diablo. Él siempre trata de trastornar la obra del Espíritu Santo. Sin embargo, si los pastores le enseñan a la congregación a confrontarlo con la Palabra de Dios, él huirá.

Para dirigir el movimiento del Espíritu Santo los pastores no solo debemos tener conocimientos acerca de este, sino que también debemos saber cómo el enemigo trata de trastornar. Cuando dirigimos una cruzada, para dejar que la congregación sea llena del Espíritu Santo, debemos atar al diablo con oración. De ese modo suprimimos su obra.

En Mateo 16:19 dice: «todo lo que ates en la tierra quedará atado en el cielo, y todo lo que desatares en la tierra quedará desatado en el cielo». Cuando visitamos a nuestros miembros o predicamos la Palabra de Dios en un servicio, tal vez sintamos al diablo obrando para estorbar nuestro ministerio. Por lo tanto, primero debemos atarlo diciendo: «En el nombre de Jesucristo, yo te ato». Si no atamos al diablo, realmente le estamos permitiendo que obre libremente y el diablo impedirá nuestro ministerio.

Aparte de los asuntos espirituales, algunas veces el diablo trae confusión al infiltrarse en el pensamiento humano. Cuando el diablo entra en una persona, ocurrirán las cosas mencionadas arriba. Pero cuando se infiltra en el pensamiento humano, aparecerá como herejía y doctrina herética.

Para discernir dicha herejía y doctrina herética, primero debemos examinarlas a la luz de la Cristología ortodoxa. En la mayoría de los casos se pervierte la verdadera Cristología.

Jesucristo, el hijo de Dios, se concibió en el cuerpo de la virgen María por medio del Espíritu Santo y nació en este mundo. Jesucristo murió en la cruz para redimir a la humanidad del pecado, y resucitó al tercer día y ascendió al cielo. Pero hay más, él regresará a esta tierra para juzgar al mundo. Si alguien cree la verdad que se basa en la Cristología bíblica, será salvo. Pero cualquiera que siga a los herejes, que acepte sus doctrinas herejes, se perderá. Cualquier doctrina que distorsione la verdad es herética y su resultado siempre es la condenación.

Los herejes cometen un error grave en la Cristología.

¿Sabes lo que dicen los Moonies? Declaran que Jesucristo falló en su obra de redimir a la humanidad del pecado original, porque murió en la cruz. Afirman que Moon Sunmyung es el mismo Mesías que la Biblia profetizó que vendría. Ellos aseveran que su líder vino a lograr la redención que Jesús no pudo lograr. Así que, su doctrina es herética porque se desvía completamente de la Cristología bíblica.

La falsa doctrina de los Testigos de Jehová sostiene que Cristo era solo uno de los ángeles, no Dios. Los seguidores del *Movimiento Solo Jesús* se adhieren a la falsa doctrina de que el Padre es Jesucristo y el Espíritu Santo también es Jesucristo.

Todas estas doctrinas han distorsionado la Cristología bíblica. Esta herejía engaña y atrae personas que terminarán destruidas. No debe haber ningún compromiso con los que hablan en contra de la doctrina bíblica de Cristo.

Además, para discernir a los herejes y sus doctrinas herejes uno debe investigar la teología y la doctrina de Dios. No hay dudas de que la Biblia revela la Trinidad con toda claridad. La unión de Dios el Padre, Jesucristo el Hijo de Dios y el Espíritu Santo en un solo Dios.

Cuando Jesucristo fue bautizado en el río Jordán, la voz de Dios vino desde arriba, el Espíritu Santo descendió como paloma y entonces Cristo fue lleno con el Espíritu Santo (Mateo 3:16-17). En la bendición del apóstol Pablo, él dijo: «Que la gracia del Señor Jesucristo, el amor de Dios y la comunión del Espíritu Santo sean con todos ustedes» (2 Corintios 13:14), queriendo decir que Dios es el Dios de la Trinidad.

Génesis 1:26, en el Antiguo Testamento, se refiere a la creación de la humanidad diciendo: «Hagamos al ser humano a nuestra imagen y semejanza». Cuando la gente comenzó a edificar la torre de Babel. Dios dijo en Génesis 11:7 «Será mejor que bajemos a confundir su idioma, para que ya no se entiendan entre ellos mismos».

Tal doctrina de la Trinidad, la cual enseña el Trino Dios,

consistente en el Padre, el Hijo y el Espíritu Santo, no es la invención de un teólogo. Es la teología que la Biblia nos revela.

Sin embargo, la teología de las doctrinas heréticas niega la Trinidad. Por eso es muy importante establecer firmemente las doctrinas de la Cristología, y discernir a los herejes y a sus doctrinas.

Satanás se pone más furioso con el paso del tiempo, porque sabe que le queda poco. Por eso los siervos de Dios deben ser expertos en el discernimiento de las doctrinas heréticas para poder proteger la congregación que se nos ha confiado.

Liderazgo espiritual para el nuevo milenio | Capítulo **4** |

EL MENSAJE DE DIOS

Una comprensión correcta del evangelio

Muchos tienen la impresión de que los buenos estudiantes en el seminario tendrán éxito en su ministerio. Sin embargo, muchos que se han graduado con calificaciones muy altas fallan en el ministerio. ¿Cuál es la razón? Yo creo que fallan porque no comprenden correctamente el evangelio.

Lo esencial del ministerio se basa en la predicación para esparcir el evangelio. Tener una correcta comprensión del evangelio es de suma importancia porque afecta el éxito o el fracaso de cualquier ministerio. No importa lo bien que una persona haya pasado el seminario, si esa persona no tiene una buena comprensión del evangelio, fracasará en el ministerio.

Esto se asemeja a la captura de una fortaleza enemiga que está sobre una loma o fracasar en el intento durante una guerra. Cuando estalla la guerra, ambas partes se esfuerzan al máximo para alcanzar la posición más alta porque es mucho más ventajoso para cualquier ejército pelear en contra de un enemigo desde una posición más alta. La victoria o derrota en una batalla depende de quién conquiste la posición más alta.

Al decepcionar a Adán y a Eva, nuestro enemigo Satanás

ganó el pináculo de la autoridad sobre el mundo. Desde ese día ha gobernado sobre el mundo, y nadie ha podido recapturar esa posición.

Cristo vino a reclamar la autoridad sobre el mundo que estaba perdido con Satanás. Cristo destruyó los refugios de enfermedad, maldición, desesperación, la muerte y el infierno y sacó a Satán de su pináculo. Cuando Cristo pronunció las palabras «¡Consumado es!» el diablo quedó completamente derrotado.

Tristemente algunos siervos de Dios no comprenden lo que Cristo ha hecho por la humanidad. Esos líderes cristianos se preparan y se arman para conquistar el pináculo que ya Cristo conquistó para ellos. Fallan al negar el gran poder redentor de Jesucristo y en su lugar destacan la ética y la moral, predicando como si el ser humano tuviera poder para lograr cosas grandes. Les dicen a otros que hagan esto o aquello. Tales hechos de la humanidad, no importa cuán éticos o morales sean, no pueden desalojar a Satanás de la posición que ocupa.

En su lugar, debemos comenzar nuestra invasión desde la cruz, el terreno que ya Cristo conquistó para nosotros. Una comprensión correcta del evangelio debe comenzar desde la cruz. Por lo tanto, debemos entender cómo Cristo ha vencido el pecado, la enfermedad, la maldición, Satán y el infierno, y cuando encaremos a Satanás, debemos colocarnos con firmeza sobre el terreno que Cristo ya ganó para nosotros.

Ese terreno que ya Jesús ganó para nosotros yo le llamo la Bendición Triple. En otras palabras, esta es la bendición que Dios otorga para todas las cosas en nuestras vidas: nuestras posesiones materiales, nuestros cuerpos al igual que nuestras almas (3 Juan 1:2). Desde que Jesús conquistó el terreno de la salvación con la autoridad del cielo y la tierra, la maravillosa gracia de Dios ya se había preparado allí.

Así que, debemos comprender profundamente este evangelio de redención en la cruz, y cuando prediquemos a

Jesús, debemos bañar a la congregación con el evangelio como si estuviéramos atacando la fortaleza del enemigo. En otras palabras, antes de decirle a la congregación: «No pequen», primero debemos decirles: «¡Sus pecados ya fueron perdonados, y ustedes ya tienen la victoria sobre el pecado!» Si no les decimos que ya sus pecados fueron perdonados y que a ellos se les dio el poder para vencer el pecado, decirles que no pequen es muy semejante a mandarlos a atacar el terreno superior del terreno inferior. Esto representa poner una carga pesada sobre las personas, y no proveerles el poder para superar el pecado.

Decirle a una persona cuya vida está maldita: «Líbrate de la maldición», también es inútil. Debemos enseñarles el hecho de que Cristo murió en la cruz para que él o ella pueda vencer todas las maldiciones.

Además, debemos proclamar que Cristo conquistó y nos dio los terrenos superiores. En lugar de orar: «Dios, hazme santo», debemos proclamar: «Gracias, Dios, por hacerme santo por medio de Jesucristo». En lugar de orar: «Dios, líbrame de esta maldición», debemos proclamar: «Gracias, Dios, por quitarme esta maldición».

Como siervos de Dios, debemos inculcar en nuestra congregación el hecho de que a través del sufrimiento y la muerte en la cruz, Cristo volvió a capturar el terreno superior que Satanás había tomado, el cual poseemos por nuestra fe en Cristo.

El éxito de un ministerio depende de una comprensión correcta del evangelio. Los cristianos deben reconocer que ellos están peleando desde un terreno más alto que ya Jesús conquistó para ellos, y que pelean una batalla que ya se ganó. Ahora, después de haber perdido el terreno, el diablo usa tácticas de camuflaje para engañarnos. Sin embargo, cuando nos enfrentamos a él manteniéndonos firmes en la fe de que realmente estamos en una posición superior, el diablo huye de nosotros de siete maneras, aunque también es posible que regrese en contra de nosotros desde una sola dirección. Es responsabilidad de los pastores enseñar esta verdad a la congregación. Cuando hacemos esto, el poder del Señor se manifestará en nuestro ministerio, llenándolo con la gloria de Dios y muchos podrán testificar del poder de Cristo.

Cómo predicar

Los predicadores son como los jefes de cocina. No importa cuántos ingredientes tenga un cocinero, si no es un cocinero hábil, el alimento no será sabroso. Por el contrario, con solo unos cuantos ingredientes, un cocinero altamente calificado puede crear una obra de arte. En general, los cocineros usan carne, pescado y vegetales como los ingredientes principales y sal, ajo, pimienta, etc. como las sazones que harán una combinación agradable al paladar. Del mismo modo, cuando los pastores predican el mensaje de Dios, la Biblia debe ser el ingrediente principal en el sermón y todas las cosas de este mundo se pueden usar para sazonar su mensaje. La grandeza de un sermón que se predique depende del pastor.

Algunos regañan a la congregación cuando dormitan en el servicio o no prestan atención. Realmente el problema está en el predicador. Si el pastor prepara un sermón «delicioso», muchos de los hambrientos espirituales vendrán a comérselo. ¿Alguna vez fuiste a un río y tiraste un puñado de arena en el agua? ¿Pescaste muchos peces de esa manera? Eso solo sirve para dispersar a los peces. Sin embargo, échales un poco de alimento para peces y verás cuántos vienen a comer.

La manera en que un pastor prepare el mensaje de Dios determinará el éxito o el fracaso de su ministerio.

¿Cómo podemos llegar a ser diestros predicadores de la Palabra de Dios?

Primero, debemos captar el punto principal del sermón después de orar y meditar profundamente en Su Palabra. Cuando un pastor predica un sermón sin decidir cuál es el punto principal, este será un fracaso. Para los oyentes, será un mensaje verdaderamente aburrido y no ofrecerá beneficio de ningún tipo.

Así que, primero debemos meditar profundamente, comprender el punto principal y luego preparar la introducción, el cuerpo del sermón y la conclusión.

La introducción puede determinar el éxito o el fracaso del sermón. Los coreanos acostumbramos a comenzar la comida tomando una cucharada de sopa caliente antes de cualquier otra cosa. Si no hay sopa, usamos una cucharada de jugo de kimchi frío. (Nota de la traductora: El kimchi es el plato nacional de Corea y es un encurtido de vegetales sazonados con ajo, pimiento rojo y ginebra.) Esto estimula nuestro apetito de modo que podamos disfrutar el alimento a plenitud. En el oeste acostumbran a tener sopa o una ensalada como aperitivo antes del plato principal.

La introducción de un sermón es semejante a nuestra sopa, o el jugo de kimchi o la ensalada. Ya sea que estemos frente a miles de personas o solo frente a un grupo pequeño, para captar su atención, necesitamos tener una introducción fuerte. Si saltamos directamente al cuerpo del sermón la gente se aburrirá intentando adivinar el propósito del sermón. Una buena introducción le quita al oyente dicha carga.

Durante los primeros cinco minutos la gente debe tener el deseo de escuchar el mensaje. De lo contrario el predicador estará librando una ardua batalla durante el resto del sermón. Si el predicador capta la atención de la congregación durante los primeros cinco minutos, esa atención se puede sostener hasta el final del sermón.

Napoleón sabía esto muy bien y lo utilizó para vencer en un momento de crisis. Por ese tiempo estaba cruzando los Alpes con su ejército y ascendiendo la montaña los soldados se agotaron por completo. Cuando llegaron a la cima sus cuerpos gritaban pidiendo agua, pero allí no había agua. En tal estado era imposible para él guiarlos en el decenso de la montaña. Entonces les dijo: «al pie de esta montaña hay una arboleda de melocotoneros y la fruta de esos árboles es realmente famosa por su gusto agrio. Los melocotones de esta arboleda son tan ácidos que cualquiera que coma uno de ellos no puede comer nada durante algunos días».

Tan pronto como Napoleón les dijo estas palabras, se les hizo la boca agua. La historia en la introducción de este discurso les hizo salivar. Cuando concluyó, todos los soldados estaban listos para descender la montaña con un renovado coraje.

De la misma forma, cuando un pastor se para frente a la congregación en poco tiempo debe proveer lo que ellos necesitan para saciar su sed. Para lograrlo, los pastores deben estudiar la Biblia persistentemente y escuchar siempre al Espíritu Santo, porque él vigila los corazones y las mentes de todo el pueblo, y puede dotar al pastor de sabiduría y el conocimiento de lo que la congregación necesita.

Imaginemos estar ante una asamblea de hombres de negocios y comenzar un sermón con las siguientes palabras: «El amor al dinero es la raíz de todos los males». Es posible que nadie escuche el sermón. Hay una manera de hacerlo mejor.

Pero si comenzáramos diciendo: «Dios ha mostrado en la Biblia cómo podemos ganar una gran cantidad de dinero. Abraham, nuestro padre de la fe, fue un hombre más acaudalado de lo que podemos imaginar. Igual que Isaac y Jacob. Entre las muchas figuras de la Biblia ninguno murió de hambre o de pobreza. Hoy les diré cómo convertirse en personas acaudaladas por medio de la fe».

¡Es muy posible que todos nos escucharán! Después de esta introducción, podemos decirles que no deben amar el dinero para hacerse ricos.

Hace algún tiempo prediqué en el Royal Albert Hall en

Capítulo 4 • El mensaje de Dios

Londres, Inglaterra. El salón estaba lleno de gente, pero antes de predicar luché tratando de encontrar una introducción que llamara la atención de la congregación. Las introducciones tienen que prepararse de acuerdo al tiempo y el lugar donde se predicarán los sermones. Aunque quizá tengamos una introducción preparada con anticipación, necesitamos sabiduría para adaptarla a situaciones particulares. Subí al púlpito y mirando a la congregación dije: «Hoy he visto un gran tesoro en cada uno de ustedes. Sin embargo, como muchos de ustedes no reconocen el tesoro que llevan dentro y no lo han utilizado, estoy aquí para mostrarles su tesoro. Para los occidentales este es un tesoro difícil de ver. No obstante, para mí, un oriental, es muy claro y perfectamente visible».

Cuando les dije que yo era capaz de ver un tesoro porque era un asiático y que ellos no eran capaces de verlo por ser occidentales, se llenaron de tal curiosidad que se volvieron todo oídos.

Un pastor necesita orar y meditar acerca de exactamente cómo dar una introducción que de inmediato capte la atención de la congregación. Cuando se da una introducción poderosa, el resto del sermón tiene una gran probabilidad de ser un éxito.

Una vez que el aperitivo ha hecho su función, es la hora del plato principal. Lo más importante es que una comida sea deliciosa. No importa cuán maravilloso se vea o su valor nutritivo en cada mordida, si la comida no sabe bien, la gente no se la comerá. El cuerpo del sermón se parece mucho a un plato principal. No importa cuán útil sea el cuerpo del mensaje y no importa lo elocuentes que sean las palabras, si no tienen un sabor profundo, caerán en oídos sordos.

Para predicar un sermón con sabor profundo, los pastores deben investigar y meditar sobre cómo preparar y servir el sermón, de manera muy similar a lo que hacen los buenos cocineros. En estos aspectos hay tres tipos de sermones que los pastores pueden usar: el sermón expositivo, el sermón textual y el sermón temático.

El sermón expositivo está diseñado para enseñar a la congregación el significado de los sucesos o pasajes de la Biblia por medio del trasfondo histórico, el significado literal y los comentarios. Para que este tipo de sermón sea lo suficientemente efectivo de modo que ocurran cambios en las personas se requiere una tremenda preparación y oración.

El segundo tipo es el sermón textual. Esto significa leer los versículos de la Biblia y extraer el bosquejo del sermón de esos versículos.

Por ejemplo, en Juan 3:16 está escrito: «Porque tanto amó Dios al mundo, que dio a su Hijo unigénito, para que todo el que cree en él no se pierda, sino que tenga vida eterna». De este texto podemos hacer el siguiente bosquejo:

Primero: «¿Quién es Dios?» y después podemos continuar diciendo que es el Todopoderoso, Omnipotente y el Creador, que es nuestro Padre.

Segundo: podemos hablar acerca del mundo que está maldito, lleno de gente que ha seguido el deseo de la carne, la codicia de los ojos y el orgullo de la vida desde que el diablo engañó a Adán y a Eva.

Tercero: es bueno destacar el amor de Dios. Podemos decir que en su deseo de darnos vida eterna Dios no escatimó a su único Hijo, Jesucristo, quien tomó los pecados de toda la humanidad sobre sí mismo cuando murió en la cruz. Podemos decir a nuestra congregación que por este medio se nos dio la vida eterna y podemos testificar acerca del gran amor de Dios. Finalmente podemos hablar de la vida eterna para concluir el sermón.

Como mencioné arriba, el sermón textual es predicar dependiendo de los versículos sacados de la Biblia.

El tercer tipo es el sermón temático. Consiste en predicar enfocándose en un tópico escogido previamente. Para este sermón se pueden usar los métodos inductivo y deductivo. Este sermón puede tratar una variedad de tópicos tanto grandes como pequeños. Ya que está cerca de un estilo libre, es más fácil adaptarlo a los propósitos del pastor o a lo que los oyentes ansían escuchar.

Mientras tanto, es importante la forma en que organizamos el cuerpo del sermón. Es sabio dividirlo en tres o cuatro partes. A veces, se aceptan cinco partes. Pero si usamos muchas divisiones el cuerpo del sermón se volverá muy largo y muy complejo.

Una ilustración es un ingrediente importante al predicar un sermón. Si comparamos un sermón con una habitación, una ilustración es como una ventana. Una habitación no debe tener demasiadas ventanas o ninguna. Un sermón no debe tener demasiadas ilustraciones o ninguna. Creo que dos o cuatro ilustraciones están bien para un sermón. Usar una ilustración apropiada en el tiempo correcto ayuda a mantener el interés de la gente. La ilustración también es útil para que la gente comprenda los versículos bíblicos.

Si estamos a la mitad del sermón y notamos a mucha gente dormitando o mirando a sus relojes, es una señal de que el sermón los está aburriendo. Cuando esto ocurre el sermón es un fracaso. Lo mejor será comenzar a finalizar el sermón y pasar a la conclusión.

En la conclusión debemos refrescar las bocas de la congregación. Una vez que hemos terminado con el plato principal tenemos el postre para refrescar nuestras bocas. De igual manera la conclusión del sermón debe ser breve, directa al punto y en un paquete nítido debe reunir todos los elementos que mencionamos en el cuerpo del sermón.

En la actualidad muchos pastores ofrecen maravillosos platos principales en sus sermones, pero fallan al no presentar conclusiones poderosas. Todas las personas, sin excepciones, están más interesadas en las cosas con las cuales se pueden relacionar. El pastor debe asegurarse de que todos los oyentes comprendan cómo el mensaje de hoy se relaciona con sus vidas.

Generalmente hablando, es mejor que un sermón se termine en treinta o cuarenta minutos. El cerebro tiene un límite para escuchar con eficiencia la conferencia o el sermón de alguien y los expertos dicen que el límite es 40 minutos. De este modo, los sermones largos pueden tener pocos resultados.

He tratado los puntos principales que un pastor debe recordar. Sin embargo, hay otros puntos que el siervo de Dios debe tener en su mente para un sermón efectivo.

De acuerdo con los maestros de cocina, cuando una persona come, los sentidos de la vista y del oído tanto como el sentido del gusto, afectan a la persona. Aunque el gusto del alimento es el más importante, debe ser también agradable al ojo y al oído. Por ejemplo, cuando comemos el kimchi coreano, nuestro sentido del gusto se intensifica al escuchar el «crujido» del kimchi bien hecho, mientras que los ojos disfrutan de su apariencia deliciosa.

Ya que el predicador es un mensajero de la Palabra de Dios, debe ser nítido y ordenado. Si un pastor detrás del púlpito está despeinado o con un saco arrugado, no importa lo que pueda decir, la congregación no atenderá completamente a la Palabra de Dios. Por eso, cuando un siervo de Dios se para frente a la congregación debe estar nítidamente vestido.

Al predicar un sermón, el pastor debe usar un lenguaje conocido para los oyentes. Yo me esfuerzo mucho para predicar sermones en coreano normal. Si un pastor usa vulgarismos o modismos dialécticos, es posible que algunos en su congregación no entiendan y pierdan el curso del sermón. Es siempre recomendable que el pastor use el lenguaje corriente. En algunas reuniones de avivamiento los predicadores usan chistes de baja calidad para ganar popularidad. A Dios no le gusta esto ni es útil para los oyentes. Dado que los siervos de Dios tienen ciertas responsabilidades y posiciones en la sociedad, siempre deben usar el lenguaje común y evitar palabras incultas.

Aunque he estado en el ministerio durante los últimos

cuarenta y cinco años, todos los lunes mi corazón se siente cargado cuando llega la hora de preparar un nuevo sermón. No es cosa fácil preparar alimento nutritivo que sea agradable al ojo tanto como al oído y al paladar.

Antes de pararme detrás del púlpito, primero organizo la introducción, el cuerpo y la conclusión de mi sermón y trato de predicármelo una y otra vez. Al hacerlo así, me doy cuenta que tal ilustración no es apropiada o que debiera omitir algunas frases. Cada pastor debiera predicarse a sí mismo antes de pararse detrás del púlpito.

Sin embargo, mientras predico lo más importante para mí es escuchar en cada momento la voz del Espíritu Santo.

No importa lo bien preparado que esté un sermón, a menos que el Espíritu Santo esté con nosotros cuando lo predicamos, el sermón nos dejará liquidados y la congregación no se moverá. Al predicar debemos depender completamente del Espíritu Santo y recibir su ayuda.

El arma más grande de la que dependen los siervos de Dios es Su Palabra. Si un pastor no tiene la habilidad de preparar la Palabra de Dios para que su congregación se alimente espiritualmente con el sermón, no está calificado para su trabajo. Necesita tener la habilidad de ofrecer el mensaje adecuado en sus visitas a los hogares, en las reuniones de células, detrás del púlpito o dondequiera que vaya. Esto es un requisito. Entonces los pastores pueden dar un pasto bueno a sus rebaños para que puedan tener vidas espirituales saludables.

Así que, para ser capaces de preparar un buen alimento espiritual para la congregación siempre debemos esforzarnos en aprender más y orar continuamente. Entonces creceremos en nuestras vidas espirituales y nuestras iglesias experimentarán un avivamiento continuo.

¿Qué debe predicar un pastor?

Aunque hay muchos tópicos para escoger, con frecuencia debemos hacer énfasis en la fe, la esperanza y el amor. Los que no reconocen a Dios en sus vidas y viven vidas sin esperanza están en una calamitosa necesidad de fe, esperanza y amor.

Sin embargo, algunos pastores continúan predicando mensajes que destacan el arrepentimiento. Por supuesto que es necesario predicar mensajes que lleven a los pecadores al arrepentimiento, pero el mensaje más efectivo para traer tal cambio en ellos es poner en sus corazones un mensaje de fe, esperanza y amor.

La naturaleza original de los seres humanos creados a la imagen de Dios es una de fe, esperanza y amor. Esto significa que una persona puede vivir una vida verdadera si tiene fe en Dios, esperanza en su bondad y amor a él. Es por eso que Satanás, que se rebeló contra Dios, hoy intenta robarnos nuestra naturaleza al igual que lo hizo en el pasado. ¿Cómo tentó Satanás a Adán y a Eva en el Jardín del Edén? Puso duda en sus corazones robándoles la fe en Dios, la cual progresó hasta que perdieron la esperanza y el amor (Génesis 3:1-5). Como resultado, los expulsaron del Jardín del Edén y los forzaron a vivir vidas dolorosas llenas de espinas seguidas de la muerte. No obstante, Jesucristo vino al mundo para llenar otra vez esas vidas con fe, esperanza y amor.

Todo aquel que cree en él recibe salvación. Ellos se verán libres de sus vidas desoladas y sin esperanza, y vivirán vidas de fe, esperanza y amor.

En la actualidad hay muchos individuos y familias que continúan viviendo en un estado de privación, sin disfrutar de estas tres virtudes. Continúan en el lodo de la oscuridad y en hogares quebrantados. Los pastores tienen la responsabilidad de devolverle a esa gente la fe, la esperanza y el amor de Dios y guiarlos para que regresen a su estado original. No importa cuán oscuro sea su desespero, una vez que se les infundan la fe, la esperanza y el amor de Dios, estas personas y sus familias se pueden restaurar y darles vidas nuevas.

Satanás trata de evitar esto por todos los medios posibles. Primero pone dudas y temores en los corazones. Igual que hizo en el caso de Adán y de Eva, nos roba la fe en Dios y también hace que perdamos nuestra esperanza y amor.

Cuando visito los hogares de ciertas familias, puedo ver los sufrimientos causados por la duda y el temor. Ellos dicen: «¿Qué si mi negocio va a la quiebra? ¿Qué si pierdo mi trabajo y mi crédito? ¿Qué si no le agrado a las personas?» He visto a algunas personas tan nerviosas que han desarrollado casos de insomnio muy serios. En la sociedad de hoy, con una inestabilidad creciente en lo político, económico y social, son más las personas que se sienten inseguras.

La primera responsabilidad de nosotros los que esparcimos el evangelio es detectar y desactivar las minas de duda y temor por medio de las abundantes promesas de la Palabra de Dios. Hay una razón por la cual continúo diciéndole a las gentes: «Dios es bueno, crean en nuestro buen Dios».

«¿Quién de ustedes, si su hijo le pide pan, le da una piedra? ¿O si le pide un pescado, le da una serpiente? Pues si ustedes, aun siendo malos, saben dar cosas buenas a sus hijos, ¡cuánto más su Padre que está en el cielo dará cosas buenas a los que le pidan!» (Mateo 7:9-11).

Se alivia la duda y el temor de las gentes si les compartimos versículos como este, junto con el hecho de que Dios es bueno. Los que han sido libertados de la duda y el temor vendrán naturalmente a la iglesia. Recordarle a la congregación que Dios es bueno nos ayudará a tener éxito en nuestro ministerio tanto como a traer a muchos pecadores a Cristo.

Aun antes de que hagamos esto, hay algo que es más importante. Primero, debemos estar libres de dudas y temores reconociendo que Dios es bueno. Es imposible libertar a otros si nosotros tenemos el mismo problema. Tan pronto como hagamos al buen Dios nuestro manantial de vida, a medida que encontramos soluciones a los muchos problemas de nuestra vida, lo primero que debemos hacer es liberarnos de la duda y del temor. Situados sobre la base de esta libertad, debemos amar a Dios más y más con una esperanza inmensurable para el futuro. Si no logramos esto primero, no podremos ayudar a otros.

¿Estás libre de dudas y temores?

Si es así, haz lo mejor que puedas con un sentido fuerte de misión. Los siervos de Dios son llamados a dar fe a la gente, a sembrar de nuevo la esperanza en sus corazones, y a reavivar el amor que ha muerto dentro de ellos.

Una de las razones por las cuales la iglesia Yoido del Evangelio Completo ha podido crecer con tanta rapidez es porque ha sembrado fe, esperanza y amor en los corazones de las gentes que vienen a nuestra iglesia.

«Querido hermano, oro para que te vaya bien en todos tus asuntos y goces de buena salud, así como prosperas espiritualmente» (3 Juan 1:2).

Dios no solo bendice nuestros espíritus, sino también nuestras vidas. La bendición de Dios hacia nosotros es triple. Este versículo les dio una luz brillante a los que vivían miserablemente, en desesperación. Por medio de él, aquellos que no tenían dónde poner su fe, andaban sin esperanza en la vida y sin amor que compartir, pero ahora son capaces de encontrarse con el buen Dios. A medida que sus corazones comenzaron a tener fe, esperanza y el amor de Dios, ellos compartieron su experiencia con otros y los condujeron a nuestra iglesia.

Pensemos por un momento. ¿Por qué viene tanta gente a nuestra iglesia? Una gran multitud acudió a nuestra iglesia, no solo cuando estábamos en Seodaemun sino también cuando nos mudamos a Yoido, a pesar de que en ese tiempo el acceso era difícil. En 1986, antes del alza en la fabricación en Yoido, la mayor parte de esta área era desierta y arenosa, extremadamente fría en invierno, más que en cualquier otra parte en Seúl. A pesar de las incapacidades e inconveniencias, la Iglesia del Evangelio Completo en Yoido tuvo un tremendo crecimiento porque brindó esperanza a los que sufrían de desesperación, creando un cambio fundamental en sus corazones. Aunque hay muchas iglesias en el camino a la Iglesia Yoido del Evangelio Completo, muchas personas vienen a la nuestra.

La Iglesia Yoido del Evangelio Completo no tiene tantos miembros por su hermosa vista a orillas del río o por sus grandes edificios. Tampoco es porque tenga un gran sistema de organización de células. Muchas gentes vienen aunque llueva o nieve, teniendo que hacer transferencias de ómnibus dos o tres veces porque nuestra iglesia ofrece a las gentes mensajes que pueden liberarlos.

Creo que en la actualidad es absolutamente necesario predicar acerca del Dios bueno a todo aquel que sufre. Es por eso que un pastor debe ayudar a todos los que están desesperados para que comiencen una vida nueva en Dios proveyéndoles la fe, la esperanza y el amor.

La sanidad divina como un instrumento para esparcir el evangelio

En la actualidad hay muchos ministros que no predican acerca del poder de la sanidad divina. Esto es un gran error. Dios usa la sanidad divina como un instrumento para esparcir el evangelio. En Éxodo 15:26 Dios dijo: «Yo soy Jehová tu sanador». Es más, en el Antiguo Testamento hay muchos ejemplos de Dios sanando a la gente.

Jesucristo, el Hijo de Dios, que vino a este mundo, también usó la sanidad divina para esparcir las Buenas Nuevas. Dos terceras partes del ministerio de Jesús se atribuyen a la sanidad. Hay una razón por la cual Jesús empleó tanto tiempo de su ministerio sanando a los enfermos. Es el método más eficiente de transmitir el amor, la gracia y la bendición de Dios para traer las gentes a él.

Nosotros, los siervos de Dios, también debemos comprometernos en el ministerio de sanidad. En Marcos 16:15-18, leemos: «Vayan por todo el mundo y anuncien las buenas nuevas a toda criatura. El que crea y sea bautizado será salvo, pero el que no crea será condenado. Estas señales acompañarán a los que crean: en mi nombre expulsarán demonios; hablarán en nuevas lenguas; tomarán en sus manos serpientes; y cuando beban algo venenoso, no les hará daño alguno; pondrán las manos sobre los enfermos, y éstos recobrarán la salud». Jesús aclaró que la predicación del Evangelio debía ir acompañada de la sanidad divina. No se puede separar la predicación del evangelio de la sanidad divina. Así que, tanto el trabajo de predicar como el de sanar son responsabilidad de todos los ministros.

La historia de la Iglesia muestra que el crecimiento maravilloso de la Iglesia primitiva cesó cuando descuidaron la predicación de la sanidad divina. Cuando la Iglesia predicó la sanidad divina con fidelidad durante los dos primeros siglos, continuó creciendo incluso bajo la persecución. Pero la Iglesia ha descuidado predicar acerca de la sanidad divina hasta ahora. Una vez más la Iglesia debe comprometerse en ese ministerio para traer a las personas al reino de Dios.

Además, Jesús usó la sanidad divina para dar pruebas de sí mismo, como el Mesías, a Juan el Bautista. Cuando Juan el Bautista estaba en la prisión, envió a dos de sus seguidores a preguntarle a Cristo si verdaderamente él era el Mesías. Como respuesta, Jesús presentó su curación del enfermo (Lucas 7:20-22). Por esta razón, los siervos de Dios hoy debieran estudiar profundamente la sanidad divina y usarla como una herramienta poderosa con el propósito de extender el Evangelio. Si lo hacemos así, nuestro ministerio ganará gran poder e ímpetu, trayendo a muchas almas perdidas a Dios.

El gran crecimiento de la iglesia Yoido del Evangelio Completo no solo está en el poder de los mensajes desde el púlpito, sino también en nuestras oraciones constantes por los enfermos. Cuando nuestra iglesia comenzó en Daejeo-dong, fue la sanidad divina la que trajo a muchas personas a Dios.

Dado que la sanidad divina se manifiesta a través de la fe, estos milagros pueden ocurrir a cualquiera. Por medio de la sanidad divina se facilita la predicación del evangelio. No importa dónde ministre un siervo de Dios, debe incluir la sanidad divina. Especialmente para un misionero, este ministerio puede significar la diferencia entre el éxito y el fracaso. Cuando van a una tierra nueva donde las costumbres y tradiciones le son extrañas, es difícil para los misioneros ajustarse a su nuevo ambiente; también toma una cantidad de tiempo considerable que las personas del lugar los acepten. Sin embargo, cuando los de la región experimentan la sanidad divina por medio de las oraciones del misionero, lo aceptan con más rapidez. La sanidad divina es la forma más rápida y mejor para que un misionero capture los corazones de las gentes de la comarca.

No solo es la evidencia de la fe, sino que es uno de los dones del Espíritu Santo. Por eso los pastores deben mantenerse orando: «Oh, Espíritu Santo, ayúdame a ser usado como tu instrumento para la sanidad divina». La sanidad divina es el mejor método para demostrar el amor y la misericordia de Jesucristo.

El diablo enferma a la gente. Por eso los pastores deben orar por los enfermos en el nombre de Jesús, librándolos de las garras del diablo, y así demostrar el enorme poder del evangelio.

A menudo hago viajes misioneros al extranjero. Aun en lugares tales como los Estados Unidos o Europa donde las condiciones sanitarias son buenas, cuando pido que los enfermos levanten sus manos, más de la mitad de la gente lo hacen. Realmente no hay nadie libre de enfermedad. Por ello la sanidad divina es un gran método de predicar el evangelio. No hay una experiencia más grande del poder del evangelio que curarse de una enfermedad. Para comprender el amor y la misericordia de Jesucristo, es mejor sanarse que escuchar cien sermones. Es una gran bendición guiar a incontables personas a Cristo al orar por su sanidad divina.

Menos personas asisten a una cruzada o conferencia donde no se ora por sanidad divina. Sin embargo, cuando Dios obra estos milagros, la asistencia aumenta dramáticamente. Por supuesto, entre ellos hay los que se curan y los que no se curan. No debemos sentirnos mal preguntándonos por qué algunos no se curan. Mas bien debemos regocijarnos y dar gracias a Dios por los que se sanaron.

Testificamos a cien almas perdidas pero no todas se convertirán a Cristo. Si traemos a Cristo la mitad de este número, seremos grandes testigos de él. Cuando testificamos a cien personas, el promedio que por lo general se convierte es de veinte o treinta. Lo mismo sucede con la sanidad divina. No todos los enfermos se sanarán por nuestras oraciones de sanidad divina. De cien personas, tener veinte o treinta que reciban la salud realmente es una gran bendición de Dios. Aunque no todas las cien personas por las cuales oramos se sanen, nunca debemos dejar de orar por los enfermos.

Cuando oramos por sanidad divina debemos tener ciertas precauciones. Nunca debemos usar la fuerza como pegar a una persona con el puño o con la mano abierta. Cuando oramos por otros, debemos colocar ligeramente nuestras manos sobre ellos y orar pidiendo que Dios los sane. En el principio, la humanidad sufrió la maldición de la enfermedad por causa del pecado. Nuestra lucha no es contra la carne y la sangre, sino en contra del diablo a quien se le dio autoridad sobre nosotros para hacernos sufrir con las enfermedades. No debemos castigar el cuerpo oprimido por el diablo, aunque odiemos al diablo. Ya que nuestra batalla contra la enfermedad es una batalle espiritual, podemos tener la victoria por medio de la fe y la oración. Por ello debemos colocar nuestras manos ligeramente en la persona y orar pidiendo que en ella se manifieste el poder sanador de Jesucristo.

La sanidad divina es un instrumento poderoso para compartir el amor y la misericordia de Jesucristo. La obra de sanidad divina se debe predicar otra vez en la iglesia de hoy. ¿Por qué te quejas de que tu iglesia no crezca? Primero, debes orar por el don de la sanidad divina. Por fe, continúa orando por la sanidad divina del enfermo. Por medio de esta obra la gente aceptará el evangelio mientras que la iglesia se mantenga creciendo.

Liderazgo espiritual para el nuevo milenio | Capítulo **5** |

EL INSTRUMENTO DE DIOS

La clase de persona que Dios usará para su obra

Todos nosotros somos siervos de Dios, escogidos por él. ¿Qué actitud debemos tener para que Dios nos use hasta lo sumo y podamos servir a aquellos que están bajo nuestro cuidado?

Primero, debemos liberarnos de la preocupación y de la ansiedad. El verbo griego para preocupación o ansiedad es «μεριμναω» que significa «separado» o «dividido». Cuando nos preocupamos y tenemos ansiedad, nuestros corazones se dividen en muchos surcos. Además, nuestras energías espirituales y mentales se agotan y somos incapaces de llevar adelante nuestro trabajo para Dios. Es imperativo que saquemos la preocupación y la ansiedad de nuestros corazones.

¿Cómo podemos superar las preocupaciones y las ansiedades? Primero debemos orar. Debemos venir a Cristo y orar hasta que experimentemos su paz. Cuando oramos y sentimos profundamente la presencia de Dios, él nos ayuda y nos cuida, y desaparecen toda preocupación y ansiedad.

En Filipenses 4:6-7 la Biblia nos dice: «No se inquieten por nada; más bien, en toda ocasión, con oración y ruego, presenten sus peticiones a Dios y denle gracias. Y la paz de

Dios, que sobrepasa todo entendimiento, cuidará sus corazones y sus pensamientos en Cristo Jesús».

Algunas personas dicen que están tan ocupadas que no pueden esperar que la paz de Dios los llene. Sin embargo, los que están llenos de preocupación y ansiedad no pueden ser muy útiles. Incluso si Dios les da algún trabajo, ellos no darán buenos resultados. Los que tienen el corazón dividido en muchos surcos no pueden dirigir todos sus esfuerzos para alcanzar una meta grande; simplemente no pueden cumplir grandes cosas. Ellos solo oran durante un corto tiempo y piensan que es suficiente, aunque no experimentan la paz en sus corazones. Pero están equivocados. Deben continuar orando hasta que sientan que su preocupación y ansiedad se disuelven y la paz de Dios los inunda.

¿Tienes preocupación y ansiedad en tu corazón? A Dios no le gustan estos sentimientos porque vienen de Satanás. Satanás trata de robarte, matarte y destruirte. ¿Sabes como Satanás lo logra? Él siembra temor y ansiedad en tu corazón para dividirlo en muchas formas.

Durante la Segunda Guerra Mundial aproximadamente trescientos mil soldados americanos perdieron la vida. Sin embargo, al mismo tiempo, aproximadamente un millón de personas murieron en sus hogares debido al temor y la ansiedad. Estos sentimientos matan a más personas que las guerras.

Satanás no nos invade con un estallido alto y notorio. Por el contrario, avanza paso a paso. En el *primer escalón*, nos inquieta con la ansiedad. El *próximo paso* es uno de supresión. Aunque en el primer escalón podemos sacudirnos la inquietud y la ansiedad, en el segundo, el de la supresión, no tenemos tanto control. El temor, la desesperación y la decepción se usan para suprimir y oprimirnos hasta el punto de enfermarnos. En este escalón es donde la gente lucha con Satanás. *El tercero* es la melancolía y la depresión. En este peldaño perdemos nuestro impulso de vivir y el significado de la vida. *El cuarto peldaño* es el de la rendición. Después está el último escalón, el de la derrota, un peldaño de victoria para Satanás que nos lleva a la destrucción.

En la Biblia vemos un ejemplo de esto.

Examinemos a Judas Iscariote. Aunque estuvo mucho tiempo con Jesús, siempre tuvo cierta pasión y apego al dinero. Entonces esta pasión lo oprimió y comenzó a robar. En Juan 12:6 está escrito: «porque era un ladrón y, como tenía a su cargo la bolsa del dinero, acostumbraba robarse lo que echaban en ella».

Entró en el escalón de la melancolía y la depresión. Comenzó a distanciarse de los demás discípulos y siempre tenía una inquina y motivo de rencor por su situación actual. Entonces se sometió a la desesperación y finalmente se entregó a Satanás quien lo llevó a vender a Jesús por treinta piezas de plata.

Esa es la forma en que Satanás siempre trata de robar, matar y arruinar a la gente. Pero él no puede invadir el terreno moral que protege la paz de Dios. La Biblia dice: «Ustedes, queridos hijos, son de Dios y han vencido a esos falsos profetas, porque el que está en ustedes es más poderoso que el que está en el mundo» (1 Juan 4:4).

He visto a muchos siervos de Dios volverse incompetentes porque dejaron que sus corazones y mentes se llenaran de inquietud y de ansiedad. El antídoto para la preocupación y la ansiedad es la paz de Dios. Pero la paz de Dios no se obtiene con ejercicio mental o meditación. Solo cuando oramos a Dios profundamente dependiendo del poder del Espíritu Santo, sentimos la paz de Dios llenando nuestros corazones desde arriba.

Segundo, para que el Señor nos use como sus grandes siervos, debemos sentir pasión por el Señor. Dios no usa a personas desapasionadas. Cuando Dios escoge a sus siervos, no mide cuán perfecto es su carácter porque nadie será declarado justo a su vista por observar la ley. Pongamos a Pedro por ejemplo. Aunque Pedro tuvo muchos defectos, sintió una pasión increíble cuando fue a trabajar para Jesús.

Los apasionados pueden infundir pasión en otros. Dondequiera que vaya un siervo de Dios lleno de pasión los que lo rodean se contagiarán y un gran avivamiento se llevará a cabo. Siempre he tratado de apasionarme con la obra de Cristo. La iglesia Yoido del Evangelio Completo ha sido capaz de desarrollarse y crecer convirtiéndose en la iglesia más grande en el mundo porque tiene una gran cantidad de siervos de Dios llenos de pasión que oran y trabajan por esta iglesia.

Más que nunca antes, hay una gran necesidad de siervos de Dios llenos de pasión.

«Conozco tus obras; sé que no eres ni frío ni caliente. ¡Ojalá fueras lo uno o lo otro!» (Apocalipsis 3:15).

Ora con pasión. Testifica con pasión. Ama a otros con pasión. Sirve a Dios con pasión. Cristo exalta a los que trabajan con pasión y los usa en gran manera.

Tercero, para que Cristo nos use debemos amar a otros con corazones sinceros. Ser siervos de Dios no nos autoriza a mandar a otros. Todas las personas son iguales a los ojos de Dios. Dado que a nadie le gusta que lo opriman, no debemos oprimir a otros. Con amor debemos aprender a aplaudir y recompensar sus éxitos mientras que los ayudamos a hacer frente a sus fracasos. Cuando ministramos en amor, estimulando y ayudando a otros, podemos llevar frutos maravillosos.

Esto es simple. Para que Dios nos use grandemente, debemos olvidar toda preocupación, tener pasión cuando se trata de servir a Cristo y amar a otros con sinceridad completa.

Cuarto, para llegar a ser grandes siervos de Dios, debemos estar bautizados y tener la plenitud del Espíritu Santo. Si no trabajamos con el Espíritu Santo, no podemos hacer nada más allá que edificar una «iglesia muerta» con «muertos espirituales». Muchos pastores tratan de edificar iglesias a su manera y con sus medios. Tales iglesias solo enseñan acerca del Jesús histórico que no puede obrar hoy, y sus servicios, como el altar de Caín, no pueden agradar a Dios. Sin el Espíritu Santo los siervos de Dios no somos nada.

El Espíritu Santo que descendió hace dos mil años está todavía con nosotros, habitando en nosotros y vigilándonos. También tiene personalidad. El Espíritu Santo quiere que lo reconozcamos, le demos la bienvenida y que confiemos plenamente en él.

¿Reconoces al Espíritu Santo? ¿Le das la bienvenida? ¿Lo has aceptado en tu corazón? ¿Confías en él?

Si tenemos la plenitud del Espíritu Santo, la preocupación y la ansiedad saldrán de nuestros corazones y tendremos pasión y seremos capaces de amar a otros con sinceridad. Además, si estamos llenos del Espíritu Santo, nos convertimos en buenos siervos de Dios, predicando a Jesús poderosamente al mundo entero.

El siervo humilde

Una de las cosas en que los siervos de Dios deben tener mucho cuidado en sus relaciones con otras personas es no alabarse a sí mismos. La autoalabanza viene del orgullo y la arrogancia.

Hay algunos siervos de Dios que en todas sus conversaciones incluyen sus diferentes logros. Dan indicios de sus éxitos en el ministerio y del gran trabajo que están haciendo. Por supuesto, todos deseamos que se nos reconozca por el buen trabajo que hacemos. Pero cuando un siervo de Dios se jacta de todos sus logros, generalmente la gente no se impresiona. Mas bien desprecian al siervo de Dios. Es la prerrogativa de Dios exaltarnos o humillarnos (1 Samuel 2:7). Es por eso que los siervos de Dios no deben darse importancia ni aun luchar por colocarse por encima de los demás.

Cuando leemos la Biblia vemos que los que se enorgullecieron, atrajeron el juicio de Dios sobre sí mismos. El primero fue Lucifer. El arcángel Lucifer trató de elevarse hasta el nivel donde solo Dios podía estar y sentarse en el trono de Dios. Trató de ser igual a Dios, pero eso lo llevó al juicio de Dios. Lo expulsaron del cielo y llegó a conocérsele como Satanás (Isaías 14:12-15).

Aun después de haber caído, Satanás continúa rebelándose y oponiéndose a Dios. Provocó a Adán y a Eva por medio del deseo de lograr la grandeza, haciéndolos sentirse orgullosos de ellos mismos. «Se les abrirán los ojos y llegarán a ser como Dios» (Génesis 3:5). Cayeron bajo la superchería de Satanás y comieron el fruto del árbol del conocimiento del bien y del mal, lo cual Dios había prohibido. Como resultado de su rebelión contra Dios, los echaron del Jardín del Edén.

Tampoco los descendientes de Noé fueron la excepción. Se dijeron los unos a los otros «Construyamos una ciudad con una torre que llegue hasta el cielo. De ese modo nos haremos famosos y evitaremos ser dispersados por toda la tierra» (Génesis 11:4). Desearon ser como Dios. Sin embargo, la Torre de Babel nunca llegó al cielo y ellos quedaron esparcidos por toda la tierra.

Amán es otro ejemplo de persona arrogante. Él era muy arrogante. Trató de elevarse sobre las demás personas. Pero el resultado fue que lo humillaron. Amán planeaba matar a Mardoqueo, pero lo montó en un caballo y lo llevó por las calles de la ciudad mientras proclamaba: «¡Así se trata al hombre a quien el rey desea honrar!» (Ester 6:11). Finalmente Amán fue colgado en la misma horca en la cual había planeado ahorcar a Mardoqueo (ver Ester 7:9, 10).

Todo lo anterior ocurrió porque una persona trató de glorificarse antes de glorificar a Dios, el Creador. La Biblia nos dice: «Al orgullo le sigue la destrucción; a la altanería, el fracaso» (Proverbios 16:18).

Todos los siervos de Dios se deben preguntar: «¿Estoy trabajando realmente para la gloria de Dios y de su nombre, o estoy absorto en mi propio orgullo?»

Durante una cruzada me hospedé en un hotel con algunos pastores de los Estados Unidos, y uno de Tailandia. Noté que algunas veces los pastores de los Estados Unidos obviaban al pastor de Tailandia. Pero cuando llegaba la hora de predicar, la situación cambiaba completamente. Cuando los pastores americanos predicaban, muchos en la congregación se frotaban los ojos y comenzaban a dormitar. Yo tuve que traducir los sermones al coreano, lo cual no era una tarea fácil. Pero cuando el pastor de Tailandia comenzaba a predicar todo el mundo escuchaba intensamente y para mí fue más fácil traducirlo. ¿Por qué había tanta diferencia? ¿Era el pastor de Tailandia más competente que los americanos? No, la razón era que mientras los pastores americanos estaban ocupados en sus asuntos, el pastor de Tailandia se arrodillaba humildemente ante Dios pidiendo la ayuda del Espíritu Santo.

Predicar el mensaje de Dios no es como conferenciar sobre el conocimiento de este mundo. Entregar el mensaje de Dios requiere tener sociedad con el Espíritu Santo. Solo entonces podremos experimentar la gran obra de la manifestación de Dios. De acuerdo con esto, los siervos de Dios que se proclaman a sí mismos ante el pueblo, en verdad son tontos. Jesucristo es el único de quien debemos sentir gran orgullo.

Juan el Bautista es uno que verdaderamente muestra el ejemplo más grande de esto. Cuando él comenzó a proclamar el evangelio, se le unió una gran cantidad de gente. Pero tan pronto como Jesús comenzó su ministerio, la gente comenzó a rodear a Jesús. Cuando uno de los seguidores de Juan le informó esto, él dijo: «A él le toca crecer, y a mí menguar» (Juan 3:30).

Humildemente Juan se rebajó. Él se había preparado y esforzado mucho antes de que Jesús entrara a su ministerio. Pero, sin mencionar siquiera su gran obra, dio un paso atrás. Después de cumplir su misión, Juan le entregó todo a Jesús. De la misma forma, no importa cuánto éxito hayamos logrado, evitemos que esto se nos vaya a la cabeza y demos la gloria a nuestro Señor Jesucristo.

¿De qué deben enorgullecerse los siervos de Dios?

El apóstol Pablo confesó: «Jamás se me ocurra jactarme de otra cosa sino de la cruz de nuestro Señor Jesucristo, por quien el mundo ha sido crucificado para mí, y yo para el mundo» (Gálatas 6:14). Debemos hacer lo mismo. Siempre debemos arrodillarnos ante Cristo y proclamar humildemente: «Soy tu indigno siervo».

Un buen catalizador

La tarea más fundamental de un siervo de Dios es servir a Cristo como hicieron los levitas en el Antiguo Testamento que cuidaban el templo de Dios y le servían.

Realmente la razón por la cual los siervos de Dios predican el evangelio es para servir a Dios. La razón por la cual ellos interceden y claman por las almas perdidas es porque cuando le sirven, sienten el amor de Dios por los perdidos.

No es fácil testificar a los perdidos si no tenemos el corazón de Dios concerniente a ellos. Para ser vencedores en nuestra vida de fe, tanto como en nuestras vidas como ministros, debemos hacer lo mejor para servir a Dios. Para servirle debemos postrarnos ante él y orar, y cuando oigamos su voz debemos obedecerle completamente.

Históricamente, al recordar a los grandes siervos de Dios, podemos ver que en verdad ellos le sirvieron bien. Un pastor que conocí en América hizo una gran obra al llevar a muchos a Cristo. Sin embargo, cada vez que sentía que le faltaba el poder del Espíritu Santo, entraba en un salón vacío y ayunaba y oraba durante muchos días. Cuando lo hacía así, Dios lo llenaba con el poder del Espíritu Santo. Ungido con Su poder, de nuevo era capaz de predicar el evangelio.

Un siervo de Dios debe aprender a inclinarse ante él en oración y esperar con paciencia. Por medio de la meditación en la Palabra de Dios y la oración, un siervo de Dios debe esperar que el Espíritu Santo descienda como el rocío de la mañana. Cuando esto ocurre, su mensaje brillará como el oro. Entonces la predicación no será una tarea difícil y experimentará gran éxito en su ministerio.

Hoy, sin embargo, hay muchos siervos de Dios que no se inclinan en oración, sino que apresuradamente van a sus asuntos olvidando la importancia de la oración. Si tal descuido y prisa continúan, el Espíritu Santo se irá de ellos y la predicación se les convertirá en una carga pesada. No importa cuánto busquen en la Biblia, no encontrarán el mensaje que Dios quiere que prediquen. No importa lo alto que eleven sus voces en el púlpito, sus sermones carecerán del poder de obrar cambios fundamentales en las gentes.

Por lo tanto, lo más importante para un ministro es recibir el poder y la unción del Espíritu Santo antes de ir al púlpito para predicar el mensaje de Dios. Jesús le dijo a sus discípulos: «Ahora voy a enviarles lo que ha prometido mi Padre; pero ustedes quédense en la ciudad hasta que sean revestidos del poder de lo alto» (Lucas 24:49).

Hace algún tiempo el Rev. Samuel Edestaf, de Suecia, vino a nuestra iglesia y predicó un sermón basado en Juan 3:16. Cuando me enteré que iba a predicar de Juan 3:16 me sentí un poco desilusionado, porque ese es un versículo que hasta los niños de kindergarten pueden recitar. Probablemente no había siquiera un puñado de gente en mi iglesia que no pudieran recitarlo. Pero, mientras que el pastor Edestaf predicaba yo podía sentir la poderosa unción del Espíritu Santo. El poder de Dios estaba detrás de su mensaje.

El pastor Edestaf dijo durante su sermón: «Mi congregación en Suecia está orando fervientemente por esta conferencia, y gracias a eso hoy yo puedo sentir la fuerte presencia del Espíritu Santo».

Esto es absolutamente cierto. Hay una gran diferencia entre los sermones que están ungidos con el Espíritu Santo y los sermones que resultan del conocimiento y la experiencia del pastor. Los sermones ungidos por el Espíritu Santo brillan como oro pulido y las personas se conmueven con ellos. Estos sermones permanecen durante mucho tiempo en la memoria de la gente, pero no sucede igual con los que no lo están porque carecen de la gracia de Dios. Son aburridos y tediosos al escucharlos.

Una persona con gran conocimiento en el área de la filosofía, la ley y la teología no necesariamente es un gran siervo de Dios Por el contrario, tal persona puede tener más dificultades para llegar a serlo, porque es probable que deje de orar y por consecuencia predicará dependiendo más de su conocimiento que de Dios.

Por lo general, los siervos de Dios que son menos educados tienen la tendencia de orar más. Ellos tendrán la unción del Espíritu Santo y harán una gran obra para Dios.

Los siervos de Dios no tienen mucho que darle a la gente en la forma de posición, fama o prosperidad material y solo pueden ofrecerles el mensaje de Dios ungido por el Espíritu Santo. Un pastor debe llegar a ser un catalizador para traer la vida divina cada vez que proclame cada palabra del mensaje de Dios.

Para que haya una reacción química, se requiere alguna forma de catalizador.

Por ejemplo, para hacer ácido sulfúrico se necesitan dos ingredientes: sulfuro e hidrógeno. Sin embargo, unir estos dos ingredientes no dará por resultado el ácido sulfúrico. Se requiere un tercer ingrediente, un catalizador. La reacción química tendrá lugar y el ácido sulfúrico se hará solo cuando se añada una pequeña cantidad de plata como catalizador.

De forma muy parecida hace falta un catalizador para que las bendiciones y la gracia de Dios entren en los corazones de la gente y reaccionen en sus vidas. Los siervos de Dios son los catalizadores.

La calidad de los catalizadores no es la misma. Por ello, la reacción que tiene lugar en una congregación varía dependiendo de la persona que esté predicando. En el caso de algunos siervos de Dios, no importa cuánta energía pongan en sus sermones, la congregación no se arrepentirá y no habrá milagros porque sus sermones no son nada más que palabras. Por otro lado, cuando otro siervo de Dios predica el mismo mensaje, incluso de los mismos versículos, muchos se arrepentirán y experimentarán grandes milagros de Dios.

El poder catalizador de un predicador se refleja muy bien en la congregación. ¿Cómo podemos mejorar nuestra calidad como catalizadores?

Primero, debemos vestirnos con la túnica de la pureza espiritual y pararnos ante Dios. Solo una muestra de un catalizador puro y limpio puede ejecutar bien su trabajo. Para llegar a ser un catalizador puro es necesario arrodillarnos y orar, pidiendo a Dios que quite todas las impurezas. Cuando un siervo de Dios se pone un manto sucio con el hedor del mundo, no puede ser un buen catalizador. Cuando me paro detrás del púlpito si no he orado lo suficiente, me siento frustrado, cansado, liquidado. En tales ocasiones no importa lo alto que eleve mi voz, no puedo ver ninguna respuesta de la congregación. Sin embargo, si me sitúo detrás del púlpito habiendo orado fervientemente, siento la unción del Espíritu Santo, y puedo predicar un mensaje poderoso.

Que el pastor tenga un día victorioso o no, depende de la manera en que emplee las horas de la mañana. Si se levanta temprano y dedica por lo menos una hora a la oración, se convertirá en un buen catalizador. Mientras oramos en la mañana, Dios nos unge con el Espíritu Santo y nos ayuda a ser buenos catalizadores, útiles para que él nos use.

Ser purificados una vez no nos mantiene puros para siempre. Diariamente debemos atravesar por este proceso de purificación. Por lo tanto, la hora de orar, diariamente, antes de comenzar nuestro ministerio, es un requisito absoluto para los pastores.

Si los pastores dan gracias a Dios, lo alaban y meditan en su Palabra cada día, después que el Espíritu Santo los purifique veremos ocurrir resultados milagrosos dondequiera que vayamos. Oro para que ninguno de nosotros se vuelva impuro, haciendo todo lo que hacemos como una mera formalidad, sino que podamos ser llenos con el Espíritu Santo y nos convirtamos en catalizadores puros que hagamos una gran obra para Dios.

Devoción

*D*e vez en cuando me entero de que grandes siervos de Dios que de la noche a la mañana han caído de la gracia. Me entristezco mucho cuando oigo esto. ¿Por qué caen en vano? La razón está en un problema fundamental en sus vidas o en su actitud hacia la vida. Mientras que profesan servir a Dios, consciente o inconscientemente viven de manera egocéntrica.

Todas las personas viven y planean sus vidas de acuerdo con su propósito individual. Mientras que algunos tienen el propósito de vivir para sí mismos, otros ponen el propósito central alrededor de los demás.

¿Por qué tú crees que el reino de los cielos existe para siempre? Es porque el propósito del Trino Dios no es egoísta sino altruista. Dios el Padre dio todo a su Hijo Jesucristo, así como el Hijo lo dio todo al Padre. Luego el Padre y el Hijo lo dieron todo a los seres humanos por medio del Espíritu Santo. Dios lo provee todo para los que son salvos y los salvados deben devolverle todo a él.

El mundo de Satán es lo opuesto. El propósito de su existencia es él mismo y solo para sí mismo. Satán obra y lucha solo para su propia felicidad y satisfacción, dejando como estela desunión y desintegración.

Hay muchos siervos de Dios que anhelan tener un ministerio triunfante. Estudian la Biblia con diligencia y ascienden a la Montaña de la Oración para orar. Aun entre ellos he visto a los que caen. La causa está en su propósito de realzar su habilidad para tener un ministerio fructífero. En otras palabras, le piden a Dios que los capaciten para tener éxito en el ministerio con el propósito de vanagloriarse. Dios no se agrada de los pastores cuyo motivo para el ministerio es egocéntrico. Aunque pueden haberlo iniciado con buenas intenciones, como mejorarse y desarrollarse, si el motivo para su ministerio se centraliza en ellos mismos, esto los llevará a la caída.

¿Cuál es la diferencia entre el Mar de Galilea y el Mar Muerto? Ambos se nutren del río Jordán. Mientras que el Mar de Galilea vierte sus aguas en otros arroyos y ríos, el Mar Muerto no lo hace. Como consecuencia, mientras que los peces se desarrollan bien en el agua fresca de Galilea, el Mar Muerto contiene un agua estancada con una gran concentración de sal que significa la muerte para todos los peces.

Como siervos de Dios, antes de vivir vidas egocéntricas, debemos vivir para otros orando: «¿Cómo pueden salvarse más almas? ¿Cómo puedo ayudar a que otros se llenen del Espíritu? ¿Cómo puedo ayudar a otros a recibir la sanidad divina? ¿Cómo puedo ayudar a que otros sean cristianos fuertes con una fe grande?»

Los siervos de Dios que se hacen estas preguntas continuarán prosperando en su ministerio y no se cansarán aunque gasten gran cantidad de energía física.

El éxito o el fracaso del ministerio depende simplemente del motivo que el pastor tenga para ministrar. Uno que se mire a sí mismo y se maraville de su propia santidad y grandeza caerá muy pronto al lado del camino.

Sin embargo, cuando un pastor se ofrece como instrumento de Dios para ayudar a la oveja perdida que está enferma, pecadora y desesperada y la trae a la senda de la verdad, Dios usará continuamente a tal pastor como Su siervo ya sea que tenga o no una gran fortaleza física y espiritual. Si nos dedicamos a Dios y hacemos lo mejor, nos convertiremos en sus instrumentos preciosos. En la Biblia podemos ver que Jesús siempre obró en favor de otros.

Nunca debemos mirarnos a nosotros mismos. Cuando somos egocéntricos y comenzamos a pensar, «necesito ser más santo que ese pastor, necesito ser más grande», pronto comenzaremos a caer. Pero cuando los demás llegan a ser el propósito de nuestras vidas, nos convertimos en instrumentos a través de los cuales fluye el poder de Dios, y nunca perderemos la fortaleza.

Si alguien piensa, «¿debo continuar corriendo en esta vida rutinaria?» esa persona necesita cambiar su actitud. Debemos tener el propósito en la vida de convertirnos en los instrumentos de Dios para guiar a los incrédulos, enfermos y desesperados por la senda que conduce a la bendición de Dios.

Además, no debemos maravillarnos de nuestros logros ni preguntarnos si hemos triunfado o fracasado. La única pregunta con la que debemos luchar es, «¿Cómo puedo traer más almas perdidas a Cristo e impartirles el poder de Dios?» Entonces, cuando despleguemos nuestros esfuerzos, nuestras iglesias crecerán y la fe de nuestros rebaños también crecerá. Este es el camino para darle gozo y felicidad a Dios y como consecuencia natural recibir a cambio lo mismo. Cuando Dios abre la puerta, ¿quién la puede cerrar? Esta es la clave de un ministerio victorioso y el camino para traer bienestar tanto a nosotros como a nuestras congregaciones.

Nunca debemos ver nuestra devoción y trabajo para Dios como una obligación que hacemos con desgano. Tal actitud nos llevará al fracaso. Debemos evitar esos hoyos a toda costa y dedicarnos a servir a Dios y a trabajar a favor de otros. Mientras más nos olvidemos de nosotros mismos, más Dios nos recordará y vigilará. Si estamos llenos de pensamientos acerca de nosotros mismos, Dios se apartará de nosotros y no nos vigilará.

Jesús le dice a todos los siervos de Dios: «El que encuentre su vida, la perderá, y el que la pierda por mi causa, la encontrará» (Mateo 10:39).

Si nos dedicamos a su reino y a su justicia, recibiremos a cambio la vida eterna y la alabanza de Dios. Nunca olvidemos este principio importante.

Liderazgo espiritual para el nuevo milenio | Capítulo **6** |

LA VIDA CREATIVA

El gozo del ministerio creativo

El mejor propósito de nuestra existencia es llegar a ser el gozo de Dios y encontrar el gozo en Dios. Si perdemos el gozo y la felicidad, perderemos el propósito de nuestra existencia. Aun en nuestro ministerio si dejamos de gozarnos en él, perderemos el propósito del mismo y no obtendremos mucho fruto de nuestro trabajo. ¿Cómo podemos continuar gozosos y felices?

El secreto de esto es hacer siempre lo mejor para vivir una vida creativa en el Señor. Una vida que no es creativa no es feliz. Dios creó el universo y todas las cosas que hay en este para su propio gozo y felicidad. La Biblia dice en Génesis que cuando Dios vio su creación, era buena.

Con tal gozo, Dios creó todo en este mundo. Incluso ahora, Dios encuentra gran felicidad por medio de su creación. Del mismo modo, una persona puede disfrutar también de felicidad cuando vive de acuerdo con la voluntad de Dios. Su voluntad creadora. La persona más feliz en este mundo es aquella que se mantiene creando.

Los que administran una compañía grande no trabajan solo con el propósito de comer tres comidas diarias. Si ese fuera el caso, no tendrían que luchar para dirigir una compañía tan grande. Tales personas vencen distintos obstáculos y continúan expandiendo su negocio porque encuentran un inmenso placer creativo en su negocio.

De la misma manera que Dios encontró felicidad y gozo en su creación, también nosotros podemos disfrutar la felicidad y el gozo cuando tenemos vidas creativas. Cuando dejamos la creatividad, perdemos la felicidad. Por ello debemos continuar, mientras vivamos, luchando por vivir vidas creativas.

Hoy muchos que son ricos pero no tienen trabajo alguno, emplean su tiempo en el juego, porque dejaron de tener vidas creativas. Por eso pierden el gozo de vivir y sienten un vacío y aburrimiento inmensos. Para llenarlo se abandonan al juego que los conduce a la autodestrucción. Este mundo se ha vuelto más y más confuso y caótico porque muchos han dejado de tener vidas creativas.

Muchos siervos de Dios se han vuelto incompetentes porque perdieron su creatividad. Si esto ocurre, dirigen su atención a la política o a la filosofía social, lo cual solo trae confusión y caos en la iglesia.

Los que han hallado gozo en sus corazones por medio del trabajo creativo utilizarán su tiempo sabiamente y por medio de tal creatividad, ellos efectuarán milagros. Las personas tienen gozo y satisfacción cuando se proponen una meta y la cumplen por medio de ideas creativas. Entonces pueden proponer una meta nueva para otro trabajo y luchar por ella.

Yo te reto a proponer tu meta y a recordarla en todo momento, y cuando la alcances, pon tus ojos en una nueva meta. Si lo haces así, tu ministerio será tu gozo y tu felicidad.

Los que no trabajan con una actitud creadora en su ministerio, sino que solo lo hacen con el propósito de ser capaces de comer tres comidas diarias, con toda seguridad fallarán. Tales siervos de Dios carecen de creatividad, lo cual les impide el auto mejoramiento y hace que se sientan inferiores.

Una persona no creativa, sin gozo en la vida, no puede estar saludable ni guiar a una familia con eficiencia. Esa persona se convierte en una fuente de miseria, no solo para ella, sino también para muchos otros. Es por eso que no importa lo que hagamos, grande o pequeño, debemos hacerlo con creatividad.

Por ejemplo, toma un servicio de célula en el hogar. Mas bien que seguir un patrón establecido, debemos tratar de introducir una idea creativa y cambiarla para tener mejores resultados. Debemos desarrollar nuevas ideas para lograr nuestras metas. No importa cuán pequeña pueda ser una meta, si nadie tiene una idea de cómo se puede lograr, esa meta es inalcanzable.

En la actualidad no son muchos los que desarrollan su actividad sino que solo miran a otros. Tales actitudes harán que la persona pierda el interés con rapidez. Las personas que tienen esas actitudes siempre están descontentas y se quejan por todo. Son negativos hasta con las ideas y la creatividad de otros. Tales personas tratan de resolver los problemas en sus iglesias con respuestas mundanas. Esta no es la manera de hacer crecer una iglesia.

Cuando colocamos trabajadores en nuestras iglesias, antes de escoger a los que son de este mundo, debemos escoger a los que son creativos y productivos en Cristo.

Dio vio cada día de su creación y consideró que era bueno. De la misma forma oro para que ustedes vivan vidas productivas y creativas, que puedan traer gozo y felicidad diarias. Aquellos que viven vidas mediocres y carentes de creatividad son los más miserables. No pueden tener gozo en sus vidas.

Nunca debemos olvidar que Dios camina con los que son continuamente creativos.

Cómo soñar y pensar con creatividad

Cuando describimos nuestra experiencia de estar llenos del Espíritu Santo, decimos que tenemos una sensación de estremecimiento o un sentimiento súbito de excitación. Sin embargo, tales fenómenos son temporales. En sí mismos no son la plenitud del Espíritu Santo.

Tener la plenitud del Espíritu Santo implica que Cristo capturó nuestros corazones y mentes y siempre damos gracias a Dios, hablándonos con Salmos, himnos y cánticos espirituales.

¿Qué clase de vida debe vivir el cristiano lleno del Espíritu?

Una persona llena del Espíritu Santo debe tener una mente creativa ante Dios. Dios obra por medio de nuestros sueños y pensamientos creativos y productivos. Examinemos cómo soñar y pensar con creatividad.

Un requisito absoluto para que tengamos sueños creativos es pensar: «¿Puedo hacerlo en Cristo?» En Marcos 9:23, Cristo dijo: «Para el que cree, todo es posible». Si decimos: «No se puede hacer», ya hemos fallado.

Cuando comenzamos a pensar: «Lo puedo hacer en Cristo», la creatividad del Espíritu Santo fluirá en nosotros y se formarán ideas en nuestras mentes mostrándonos el camino para llevar a cabo las tareas.

Por ejemplo, tan pronto como llegamos a esta conclusión: «la cantidad de miembros de nuestra iglesia ya llegó a la cima y no se puede crecer más», comenzarán a presentarse obstáculos en nuestro camino y el crecimiento de nuestra iglesia en verdad se detendrá. Es más, comenzará a disminuir. Pero si creemos que «nuestra iglesia puede ser mayor», vendrán a nuestras mentes ideas con nuevas formas y posibilidades para crecer y entonces creceremos realmente.

Dios no obra con los que piensan en las imposibilidades. No importa cuán difícil sea una tarea, cuando tratamos de encontrarle una solución en fe, el Espíritu Santo nos guiará con otros pensamientos. «Hay respuestas para todos los problemas. Pensemos en la respuesta». Estas son las palabras que el Espíritu Santo desea oír. ¿Qué actitudes debemos tener cuando trabajamos junto con el Espíritu Santo creyendo que algo se puede hacer por medio del pensamiento productivo y creativo?

Primero, debemos abandonar nuestra manera tradicional de pensar. Si se trata de seres humanos, no existe algo como la perfección. Siempre podemos mejorar. No debemos permitir que la tradición nos ataque, estemos listos para revolucionar nuestros pensamientos. Si la tradición nos frena, no somos capaces de cambiar y nos estancaremos. Así mismo sucede con la iglesia. Si solo se destaca la tradición y la ceremonia, puede permanecer estática y deja de crecer. Con ideas y pensamientos nuevos, estaremos dispuestos a hacer cambios.

Segundo, siempre debemos estar listos para aceptar ideas nuevas en nuestros corazones y mentes. Cada vez que alguno entre nosotros presente una idea nueva, antes de discutir inmediatamente su mérito, o si es factible, debemos escuchar primero la idea completa y pensar en ella. Solo una persona como tal puede llegar a ser una que sueña y piensa creativamente.

Tercero, debemos tener el coraje de comenzar algo nuevo. Si retrocedemos en derrota antes de hacer un intento, no podemos esperar algo creativo y productivo.

Cuarto, siempre debemos tener un modo de pensar progresivo. Solo quienes se desarrollan y se mejoran con un modo de pensar progresivo pueden estar a la cabeza de otros, ya sea en política, economía, educación, cultura o en un negocio.

Como siervos de Dios siempre debemos mantener en la mente estos cuatro puntos. Así nuestro ministerio crecerá y prosperará.

No hay tal cosa como la perfección en los seres humanos. Nuestros descendientes serán mejores que nosotros. Incluso en nuestras reuniones de células, antes de permitir que gobiernen la tradición y lo antiguo, busque formas nuevas de mejorarlas.

Una reunión de célula mejor que la que tenemos ahora, es decir, en la cual más personas puedan encontrar una bendición mayor, no vendrá por sí sola. Se debe estudiar detenidamente e intentar nuevos métodos continuamente.

Nunca he dejado de pensar en nuevas maneras para mejorar mi ministerio. Confío en que mi iglesia crecerá todavía más. Aunque tal vez parezca imposible acomodar más miembros de los que ya tenemos actualmente, estoy cierto de que habrá formas de hacerlo si nos salimos de nuestros moldes tradicionales.

Para tener ideas nuevas y modos de emplearlas, necesitamos tener sesiones de contribución de ideas. El Espíritu Santo no discrimina a quien él va a darle una nueva idea. Por eso, la idea de cada persona es digna de considerarse. Cuando alguien tiene una idea, no importa quién sea, antes que ignorarla, primero debemos escucharla con cuidado para ver si se puede aplicar a nuestra iglesia y ministerio. Si la descartamos sin considerarla, cometemos un gran error.

A menos que tengamos la misma actitud creativa que tiene el Espíritu Santo, ciertamente él no va a obrar por medio nuestro. El Espíritu Santo solo se mueve hacia delante. Siempre tiene ideas nuevas a su disposición y está listo a dar un paso al frente en una dirección mejor.

El Espíritu Santo nos lleva por un camino para un mañana mejor, para un mes próximo mejor, para un futuro mejor. Nunca digas: «No se puede hacer». Si estás trabado en algún problema, piensa en formas nuevas de librarte de este. Cuando proclames: «Imposible», lo único que harás es estorbar al Espíritu Santo para que elimine tal obstáculo.

No te desanimes fácilmente bajo cualquier circunstancia, sino ve adelante pensando de una manera progresiva. No dejes que las tradiciones y los métodos antiguos de hacer las cosas lleguen a ser un estorbo. Debemos abandonar esto y dejar que la creatividad y las ideas nuevas se conviertan en nuestras alas. Si lo hacemos así, veremos cómo nuestro ministerio llevará fruto abundante.

Liderazgo espiritual para el nuevo milenio | Capítulo **7** |

AUTOEDUCACIÓN

Una vida de disciplina continua

Para ser siervos que agrademos más a Dios, debemos ser buenos ejemplos de lo que es ser un cristiano, no solamente en la vida pública, sino en la vida privada. ¿Cómo podemos llegar a ser tales siervos de Dios?

Primero, debemos crecer espiritualmente. Antes de que Jesús llevara la cruz del Calvario, él oró: «Y por ellos me santifico a mí mismo, para que también ellos sean santificados en la verdad» (Juan 17:19).

Jesucristo era el Hijo de Dios. No necesitaba santificarse. Sin embargo, se santificó porque él quería que sus discípulos lo hicieran.

La relación entre un ministro y su congregación debe ser una en la que se reflejen el uno al otro. Dicho sencillamente, si el pastor comienza una reacción en cadena, esto afectará a cada persona en su congregación. Por otra parte, cuando el ministro se santifica, afecta la santificación de su rebaño completo.

Un ministro inició una iglesia en América del Sur. No importa cuánto le recalcó a su rebaño la importancia de la oración. Los amonestó, suplicó y argumentó con ellos, pero todo fue en vano.

Capítulo 7 • Autoeducación

Mientras luchaba por encontrar una respuesta, un versículo le llamó la atención: «por ellos me santifico a mí mismo, para que también ellos sean santificados en la verdad» (Juan 17:19). Él pensó: «Eso está bien, yo no debo decirles simplemente que oren. Yo debo ser el primero en orar y enseñarles con el ejemplo». A la mañana siguiente el pastor se arrodilló ante el altar y comenzó a orar. No mucho después, más y más miembros en su iglesia comenzaron a orar y más adelante la iglesia se transformó en «una iglesia que ora», cuyos miembros oraban con fervor.

Las ondas espirituales que emanan del pastor, tarde o temprano afectan a la congregación. Pero más que las palabras, es la actitud y la personalidad del pastor la que tiene una influencia mayor. Si un siervo de Dios vive una vida santa, también su rebaño vivirá una vida santa. Si un siervo de Dios no teme ser el primero en sacrificarse, su rebaño no temerá al autosacrificio.

Está escrito en Mateo 15:14: «Si un ciego guía a otro ciego, ambos caerán en un hoyo».

Si un pastor sigue la teología moderna, su rebaño se inclinará también hacia esa teología. Si un pastor se enfoca en la espiritualidad, su rebaño también vivirá vidas espirituales. Si un hereje guía un ministerio, su rebaño llegará a ser hereje. Como siervos de Dios, nunca debemos olvidar que nuestras vidas de fe tienen un efecto absoluto sobre el rebaño que guiamos. Por lo tanto, primero que nada un ministro debe dedicarse absolutamente a Jesucristo, vivir una vida de santificación y obedecer absolutamente al Señor. Entonces podremos ayudar a que nuestras congregaciones sean benditas y traigan grandes cambios a sus vidas.

Hay muchos pastores muy adictos a la predicación aunque sus vidas no son como para enorgullecerse de ellas. Dondequiera que veo tal pastor no puedo dejar de pensar, ¿cómo puede él creer que es capaz de ayudar a que otros cambien cuando él mismo necesita el cambio mayor de todos?

Nuestras congregaciones solo cambiarán tanto como nosotros cambiemos. Si Dios nos ha llamado para guiar un rebaño, debemos siempre examinarnos. Además, al esforzarnos en nuestra propia santificación, haremos posible lo mismo para nuestras congregaciones.

Segundo, debemos aprender a pensar con claridad. La mayoría de las personas de gran éxito, tienen la habilidad de pensar con claridad. Los que no piensan claramente no pueden tener éxito. No importa en qué campo se desenvuelvan.

Entre los que vienen a consultarme hay muchos que están desenfocados. Dicen un poquito de esto y un poquito de aquello, hasta el punto en que ni siquiera yo tengo idea de lo que están hablando. Entonces les pregunto: «Por favor, dígame exactamente para qué vino a verme».

Muchos pastores fallan por distintas razones. Una de ellas es que son incapaces de expresar claramente el significado de sus mensajes. A veces, cuando escucho algunos sermones, no puedo comprender lo que el predicador está tratando de decir.

Cuando un predicador no piensa con claridad, su sermón tiende a ser largo, con muchas oraciones complejas. Mientras que los que piensan con claridad tienden a hablar sencillamente y al grano. El predicador que durante su sermón hable sin orden ni concierto, no tendrá éxito en el ministerio.

Cuando voy al púlpito sin mucha oración y sin completa preparación del sermón, enseguida se nota. Me vuelvo prolijo y tiendo a repetir las mismas palabras una y otra vez, sin dar en el blanco. Cuando esto ocurre, el sermón me agota. Cuando llego a casa mi esposa me dice sin fallar: «Hoy tu sermón fue vago y sin objetivo».

Cuando dejo todo a un lado y empleo tiempo en oración, soy capaz de pararme detrás del púlpito con la introducción, el cuerpo y la conclusión claramente enfocados. Esta preparación me permite predicar un mensaje poderoso de parte de Dios.

Capítulo 7 • Autoeducación

Un siervo de Dios, ya sea que esté predicando a un pequeño grupo de una célula o a una gran multitud, debe estar preparado con bastante anticipación para pensar con claridad.

Algunas veces, cuando visito un hogar donde a la anfitriona se le conoce como una cocinera maravillosa, ella solamente sirve unos cuantos platos. Pero en algunos hogares, aunque llenan la mesa de comida con muchos platos diferentes, realmente no hay un solo plato que haga la boca agua. En ese caso, habría sido mejor que no hubieran gastado tanto tiempo y dinero en preparar esta comida.

Cuando predicamos debemos primero tener claro el enfoque y entonces aderezarlo con sazón, para que podamos hacerle la boca agua a alguien.

El sermón de un predicador que tiene su mente claramente enfocada no llevará mucho tiempo. Sin embargo, el que está desenfocado llevará mucho tiempo para explicar algo, y solamente aburrirá a los oyentes. Es mejor si el sermón dura alrededor de treinta minutos. En las reuniones de células los sermones deben durar de cinco a diez minutos. Si su sermón se alarga, corre el riesgo de hablar mucho acerca de nada.

Cuando examinamos los sermones de Jesús, encontramos que él habló clara y sencillamente, y expresó los puntos precisos que intentaba comunicar. Nunca predicó sermones con palabras difíciles o complicadas.

Por eso, si deseamos predicar grandes sermones, primero debemos prepararnos para pensar con claridad. Para tener los pensamientos claros debemos leer la Biblia una y otra vez, meditar en ella y prepararnos por medio de mucha oración.

Tercero, debemos aprender a utilizar nuestro tiempo con eficiencia. Muchos siervos de Dios se excusan diciendo que están demasiado ocupados para planear cada cosa en su ministerio. Después de un examen minucioso encontramos que no logran mucho. Sin planes, aun corriendo apresuradamente de aquí para allá, no logran nada. Ya sea que solo tenga diez o quince minutos, el siervo de Dios debe aprender a poner prioridades y utilizar bien su tiempo. Los que no pueden hacerlo no serán capaces de mejorarse o desarrollarse.

La mayoría de nuestros siervos de Dios que trabajan en distritos, vienen a la iglesia temprano cada mañana y hacen visitas a los hogares durante todo el día. Cuando van a sus casas por la noche, están completamente exhaustos. En el medio tiempo no han podido leer la Biblia, orar, estudiar ni hacer otras actividades para su mejoramiento personal. Pero ellos deben usar cada momento libre para mejorarse.

Hace mucho tiempo uno de los grifos en mi casa comenzó a gotear y necesitaba reparación. Como era muy tarde, puse un recipiente debajo del grifo y me fui a acostar. A la mañana siguiente el recipiente ya se había desbordado y el agua estaba por dondequiera. Aunque salía una gota a la vez, estas gotas se acumularon y llenaron el cubo. Eso me hizo pensar que hasta una pequeña cantidad de tiempo puede lograr grandes resultados si se ahorra y se usa para un buen propósito.

Durante muchos años me levanté temprano en la mañana para leer la Biblia y orar, y antes del desayuno tomaba tiempo para estudiar un idioma extranjero. Después iba a la iglesia y cada vez que tenía cinco minutos de tiempo libre, trataba de usarlo con sabiduría. En mi escritorio siempre tengo un grupo de libros sin leer para leerlos cuando tengo tiempo. Por esa misma razón siempre llevo un libro conmigo y un marcador de libros para continuar donde lo dejé. Muy pronto me sorprendo al descubrir que el marcador está casi al final del libro.

Regreso a casa alrededor de las siete de la tarde y como con mi familia. Después de eso, estudio durante una hora. Aunque puedo leer el periódico o mirar la TV, no me siento cómodo haciéndolo. Cuando sumo todos los pequeños segmentos de tiempo que parecen tan insignificantes he acumulado tal cantidad que no es para reírse de ellos. Siempre he practicado este método de administrar el tiempo y creo que eso ha contribuido grandemente a mi ministerio.

Estoy seguro que muchos han visto los edredones que los americanos envían como parte de los paquetes de ayuda. Esos maravillosos edredones se hicieron cosiendo muchos pedacitos de tela sobrantes.

Una vez me invitaron a dirigir una cruzada en California y noté que una sociedad de damas estaba recogiendo monedas. Ellas donaban las monedas que ahorraban después de ir de compras. Al poco tiempo de haber comenzado, la cantidad total pasó de $50,000 dólares.

Cada uno de nosotros debe utilizar cortos lapsos de tiempo perdido para mejorarnos en un idioma extranjero que hayamos estudiado anteriormente. Tal vez algunos de ustedes piensen: «Oh, ¿para qué estudiarlo ahora?» Pero cuatro o cinco años después notará la gran diferencia entre alguien que utiliza los segmentos de tiempo perdido y alguien que no lo hace. Cada vez que utilicemos hasta el tiempo más breve que tengamos para mejorarnos, veremos que en el futuro nos encontraremos en mejores condiciones.

Tuve ocasión de sorprenderme en el pasado. Como un capricho comencé a estudiar alemán durante media hora por la mañana y de nuevo por la noche. Aunque no parecía suficiente tiempo para dominar un idioma, en breve me encontré leyendo periódicos en alemán. Por supuesto, había aprendido un poquito de alemán cuando estaba en la escuela secundaria. Pero principalmente fue el resultado de mi sabio uso del tiempo, incluyendo los pequeños segmentos. Cuando utilizamos el tiempo eficientemente para mejorarnos, podemos lograr mucho. No sería difícil malgastar treinta minutos por la mañana y por la noche. Sin embargo, también pueden utilizarse para lograr grandes cosas.

Más tarde comencé a estudiar francés y japonés en ese tiempo aparentemente insignificante del cual disponía. Durante un tiempo me mantuve haciéndolo. Ahora puedo predicar en japonés sin dificultad, y en cuanto al francés, he llegado al punto que puedo conversar en ese idioma. Cada vez que tengo oportunidad, le digo a los que me rodean:

«Estudien y practiquen otro idioma». Como todos sabemos, el mundo se está globalizando y es casi obligatorio conocer uno o dos idiomas extranjeros.

Si no continuamos nuestros esfuerzos para mejorar y crecer, nos estancaremos. Si yo no hubiera escogido mejorarme cada día, no estaría en el lugar donde estoy ahora. Si tratamos siempre de renovarnos, nos encontraremos creciendo continuamente.

Mañana debemos ser mejores de lo que hoy somos. Oro pidiendo que tú puedas utilizar mejor hasta la más pequeña fracción de tiempo para continuar mejorándote cada día.

El autoexamen del pastor

Un siervo de Dios cuyo trabajo es dirigir a otros, predicar y enseñarles, siempre corre el riesgo de desenfocarse y llegar a ser deficiente, sin frutos que mostrar. A veces, cuando asisto a una reunión con otros siervos de Dios, me desilusiono y me entristezco. Cuando se ponen al frente de sus congregaciones, tratan de verse como serios y santos voceros de Dios. Pero cuando están en compañía de otros siervos de Dios, algunos emplean tiempo hablando de cosas banales, incluyendo el intercambio de chistes que no beneficia a nadie. Siempre que llego a tales reuniones, no puedo dejar de pensar que algunos siervos de Dios son como sepulcros blanqueados, los cuales lucen hermosos por fuera pero en el interior están vacíos.

Por eso es que los siervos de Dios deben emplear tiempo para autoexaminarse ante el Señor. Este autoexamen se debe hacer con honestidad completa y sin excusa alguna.

Por supuesto, los siervos de Dios no son ángeles ni gente perfecta. No han llegado a ser siervos de Dios porque tengan unas normas morales o éticas más altas que los demás. No se han convertido en siervos de Dios porque oren mejor o tengan más dones o porque hablen con más fluencia que otros. Ellos han obtenido la posición de sus siervos, precisamente porque Dios los eligió como a sus mensajeros.

Los pastores deben derribar sus erróneas torres de Babel que reflejan que de alguna manera son mejores que los demás. Tales ilusiones son ideas falsas que están próximas a que Dios las derribe.

Hoy en día hay muchos laicos que son más grandes que los siervos de Dios, más justos, más leales y más sacrificados. En alguna forma son más maduros espiritualmente que sus pastores.

Los siervos de Dios son como el burrito en el cual Jesús entró a Jerusalén. Todos somos como ese burrito cuya tarea fue llevar a Jesús a la ciudad de Jerusalén.

Si un pastor piensa que la congregación lo respeta porque es una persona que vale y merece que lo adoren, está cometiendo un grave error. La congregación no te adora a ti, el burrito, sino que adora a Jesús, a quien el burrito carga en su lomo. Esto se vio cuando la gente extendió sus mantos y las ramas de palmas a los pies del burrito porque él estaba llevando a Jesús. Si aquel burrito hubiera cometido el error de pensar que las gentes lo estaban adorando y se hubiera enorgullecido, lo hubieran echado fuera y azotado. Si el burrito continuaba desobedeciendo a su dueño por causa de su orgullo, lo hubieran llevado al matadero.

Seamos lógicos. ¿Quién hubiera tirado sus ropas al camino para que un burrito caminara sobre ellas? Los siervos de Dios deben siempre ser humildes y servir a Cristo, mientras él los dirige. Haciéndolo así, debemos darle la gloria a Cristo, y nosotros, como los siervos hacen, debemos dar un paso atrás.

Además, para que Jesucristo nos quebrante continuamente y podamos permanecer en un estado de completo sometimiento, debemos emplear tiempo para examinarnos. Para hacer esto debemos escoger una hora y un lugar en el que podamos disfrutar un tiempo de quietud con Dios. Entonces, sin excusa, debemos prestar oído a la voz del Espíritu Santo que habla a través de nuestra conciencia. Los siervos de Dios que hablan mucho tienden a fallar. Durante este tiempo debemos guardar silencio y practicar cómo escuchar la voz de Dios.

Una de las razones por la cual Elías falló fue que habló mucho durante la oración. Falló en estarse quieto cuando pudo escuchar la voz de Dios. Cuando estuvo en el Monte Carmelo, tuvo una distracción externa significativa. Estaba ocupado, batallando con los adoradores de ídolos, escuchando sus voces y la suya propia. Por esta causa no pudo oír la voz de Dios.

Luego oyó la voz amenazadora de la reina Jezabel y perdió completamente el oír la voz de Dios. Por temor a la voz humana huyó. La imagen del Elías triunfante desapareció. Se convirtió en un cobarde desesperado, anhelando la muerte.

Elías se fue al Monte Horeb y empleó tiempo en auto examinarse y escuchar la voz de Dios. Una vez que fue capaz de escucharla se renovó.

Los siervos de Dios no deben dejar que sus oídos suenen con sonidos provenientes del exterior, sino que deben emplear tiempo en un lugar tranquilo para escuchar la voz de Dios, la cual viene de adentro. El apóstol Pablo dijo: «Mi conciencia me lo confirma en el Espíritu Santo» (Romanos 9:1). Debemos prepararnos con diligencia para escuchar con humildad la voz del Espíritu Santo que nos llega a través de nuestra conciencia.

A menudo empleo tiempo en la autoreflexión. Cada vez que lo hago, me sorprende la voz que oigo. La voz del Espíritu Santo que escucho mediante mi conciencia no se puede negar. Esa voz es como una espada afilada. Me dice lo que he hecho mal y lo que he hecho bien.

Los siervos de Dios deben siempre estar a tono con la voz del Espíritu Santo. Los que pierden su voz perderán lo mejor para sus vidas y se desalentarán como Elías. El ser humano tiene la tendencia natural de excusar y racionalizar su conducta. Sin embargo, no debemos perder nunca nuestra hora de meditación con él. Debemos escuchar su voz.

Cuando los siervos de Dios inclinan sus oídos hacia la voz profunda, desde adentro, dándole gracias y examinándose a sí mismos, ellos pueden desarrollarse y mejorar continuamente. Pero si ignoran la voz y siguen su propia voluntad, serán como un tren descarrilado que viaja solo un tramo corto antes de llegar a una parada abrupta, terminando en un gran desastre.

Cuando nos encontramos sin salida, debemos primero orar y esperar por la voz de Dios. Si hacemos una decisión dependiendo solamente de nuestra sabiduría y experiencia, la mayoría de las veces fracasaremos.

Se dice que el General De Gaulle, de Francia, una vez aconsejó al Presidente Kennedy: «Cuando enfrente un problema que parezca insoluble, antes de oír la voz de otros, escuche la voz que proviene de lo más íntimo de su ser». La decisión final se debe hacer con su corazón, no con su mente racional».

A veces olvido este principio y escucho a otros antes de hacer una decisión. Pero todas las veces termino lamentando la decisión que tomé. La razón humana no es simplemente la que da forma a la voz de la conciencia que proviene del corazón. La razón humana no es más que la rueda de la realidad. Es la voz de Dios suave y pequeña la que actúa como un timón al hablar a través de la conciencia humana.

Por eso, cada vez y dondequiera que el Espíritu hable a nuestra conciencia, debemos responder obedientemente. Dejemos que esa voz sea nuestra guía en la vida. Además, para oír mejor la voz, no debemos descuidar ese tiempo de meditación para autoexaminarnos.

Cómo destacarse entre los demás

*L*os que se destacan entre los demás en sus esferas de actividad, tienen puntos de vista y mentalidades únicas.

Aunque algunos dicen que nuestro destino está más allá de nuestro control, esa afirmación no tiene base. Mas bien su patrón de pensamiento determinará el futuro de una persona. Los que tienen la actitud y mentalidad correcta, tendrán éxito, pero los que no la tengan fracasarán.

Una persona que triunfa en su esfera de acción es la que tiene la mente abierta. Los que se dedican a las pequeñeces o que tienen la mente estrecha no pueden lograr grandes cosas. Los que piensan en gran escala tienen metas y sueños altos que los hacen hablar y actuar de la misma forma, ayudando a otros a triunfar.

Los que piensan en gran escala viven para mañana. Los derrotistas viven para ayer y hoy. Se recuerdan de los tiempos pasados cuando vivían en esplendor y no miran nada más que las dificultades del presente. No obstante, los que piensan en gran escala, piensan creativa y productivamente, esperando cosas maravillosas para mañana. Mientras corren hacia el futuro grande y brillante, saben que un día el futuro llegará a ser presente. Aquellos que solo se pegan al pasado y al presente, pero no miran hacia el futuro, nunca lograrán mucho.

Para destacarse sobre los demás, debemos saber cómo vestir la realidad con esperanza. Algunas veces nos deprimimos si miramos la realidad tal y como es. Pero los que saben vestir la realidad con esperanza y con sueños por medio de la oración, la fe y la Palabra de Dios, nunca se desesperan.

Mr. Ikenberg, el pastor asistente del pastor Schuller, tiene un auto caro pero viejo que muchos envidian. ¿Cómo llegó a poseer ese carro tan caro? Esta es la historia.

Por casualidad, un día se encontró un Ford abandonado que tenía treinta años. Desde el momento en que lo vio, pensó: «Ese carro se pudiera transformar en un vehículo magnífico». Tomó el carro y reparó la carrocería dañada, lo pintó y le reemplazó todas las partes gastadas, «vistiéndolo» con «esperanza». Como resultado, el auto viejo y descartado se convirtió en un auto clásico que llegó a ser la envidia de todo el que lo veía.

Los que no pueden vestir la realidad con esperanza y con sueños, no pueden pensar en gran escala. Los que no sueñan, no pueden hacer grandes cosas. Tener un sueño es el camino más fácil para cumplir una meta. Tener los pies puestos firmemente en la tierra y vestir la realidad con la esperanza y con sueños, conducirá hasta el éxito.

Hay personas a quienes no las ascienden y se quejan de que las tratan mal en el trabajo. Sin embargo, están equivocados. Es una ley natural que el más fuerte desplace al más débil. Quienes sobresalen en vestir la realidad con esperanza y sueñan, naturalmente ocupan los lugares más altos. Cuando a una persona sobresaliente no se le reconocen sus cualidades, Dios la trasladará a un lugar donde se le reconozca.

No debemos culpar a otros. Primero debemos tener éxito donde estamos ahora. Cuando una persona logra un éxito notable en su lugar presente, naturalmente la promoverán a una posición superior.

Un estudiante del seminario en Pusán vino y me pidió

que le enseñara el secreto de un trabajo misionero exitoso. Le aconsejé: «Si quieres predicar el evangelio en el extranjero, debes primero triunfar en Corea. Si no se te reconoce como un mensajero de Dios aquí, no lo serás tampoco en el extranjero. Es más, para que se te reconozca en Corea, primero debes ser un estudiante sobresaliente en el seminario. Después que te gradúes, entonces ve y comienza una iglesia en Corea y triunfa en tu ministerio. Cuando edifiques una iglesia que llegue a tener una congregación de miles de personas, los pastores y las gentes alrededor del mundo se fijarán en tí, y tú encontrarás el camino pavimentado para ir a predicar el evangelio al extranjero. No debes estar apurado para comprar un pasaje de avión e irte al extranjero, ahora no. Comienza donde estás, vence en lo que estás haciendo ahora».

No importa dónde estemos o qué trabajo nos hayan dado, si triunfamos, nos veremos moviéndonos gradualmente hacia el éxito. Antes de mirar al presente, debemos mirar hacia un futuro mejor y pensar: «¿Cómo puedo ministrar con más efectividad? ¿Cómo puedo mejorar mi iglesia?» Debemos seguir teniendo esperanzas y sueños de grandes cosas para el ministerio bajo nuestro cuidado.

Le pido a Dios que tú puedas desarrollarte por medio de la oración y la fe y llegar a ser un vaso precioso que Dios use para su gloria.

La necesidad de descansar

Algunos siervos de Dios trabajan siete días a la semana en su ministerio, sin un solo día de descanso. Por supuesto, tal esfuerzo es encomiable. Sin embargo, aun los siervos de Dios deben tener un tiempo para descansar. Si corremos siete días a la semana, terminaremos completamente exhaustos.

El descanso se usa junto con la recreación. La palabra recreación consiste en «re» y «creación». El prefijo «re» significa otra vez, o atrás, mientras que «creación» significa la acción o el proceso de crear algo. Literalmente la palabra significa crear otra vez. En otras palabras, cuando descansamos, nos estamos recreando, cuando descansamos nos estamos recargando. Por eso es importante que los siervos de Dios tengan tiempo para descansar.

En el pasado yo corría día y noche sin un día de descanso. Llegué a un quebrantamiento físico. Después sufrí no solo físicamente sino mentalmente. Me dí cuenta de mi tontería solo después de recibir el consejo de dos personas.

Un hombre me preguntó: «Pastor Cho, ¿es usted más fuerte que Dios Todopoderoso?»

Me sorprendió su pregunta y contesté: «¿Cuándo dije jamás que yo fuera más fuerte o grande que Dios?»

Entonces él me replicó: «No, tal vez nunca lo haya dicho, pero usted piensa que lo es. Aun Dios descansó el séptimo día después de seis días de trabajo. ¿No es obvio que usted piensa que es más fuerte que Dios, ya que corre los siete días de la semana sin descansar?»

Me sorprendí y pensé: «Ah, puede que tenga razón».

El otro hombre fue mi médico. Un día me dijo:

—Pastor Cho, usted necesita descanso.

—¿Descanso? Yo no tengo tiempo para ese lujo.

—El descanso es parte del trabajo. Necesita recargarse para trabajar al otro día con más eficiencia. Usted no puede usar una batería eternamente sin recargarla. Es necesario recargarla. Las personas necesitan que las recarguen periódicamente.

Es verdad, Dios descansó el séptimo día. Está escrito en Génesis 2:3: «Dios bendijo el séptimo día y lo santificó, porque en ese día descansó de toda su obra creadora». También Dios decretó que debíamos descansar el séptimo día, Dios desea que una persona disfrute la vida y la felicidad por medio de un día de descanso físico, mental y espiritual. A pesar de ello hay muchos que obvian su decreto y se niegan un día de descanso. Tal negligencia traerá un quebrantamiento espiritual, mental y físico. Tener un descanso periódico es parte del plan de Dios. Realmente, es en obediencia al mandato de Dios.

En la Biblia hay un caso en el que Dios hizo que su siervo descansara. El profeta Elías se mantuvo en un estado de tensión cuando sin ayuda de nadie vino a confrontar a 450 profetas de Baal en una competencia sobre el monte Carmelo. Dios exaltó a Elías cuando el fuego descendió sobre su altar y trajo la muerte a cada uno de los profetas de Baal. La lucha dejó a Elías exhausto física, mental y espiritualmente. Pero en su estado de agotamiento recibió la amenaza de Jezabel: «Para mañana estarás muerto». Cuando recibió el mensaje, Elías tuvo miedo y corrió al desierto para salvar su vida. Exhausto y completamente deteriorado, incapaz de dar un paso más, Elías clamó a Dios y le pidió que le quitara la vida.

¿Qué hizo Dios con Elías? Leemos en 1 Reyes 19:3-8 que

La necesidad de descansar

Dios no le dio un discurso, más bien, lo durmió profundamente. Cuando despertó, Dios le envió un ángel para que le proveyera pan y agua. Después lo volvió a dormir profundamente. Luego que Elías descansó lo suficiente y se fortaleció con esos alimentos y el sueño profundo, Dios lo llamó al monte Horeb. Dios proveyó descanso para Elías cuando estuvo completamente falto de energías para vivir.

En el Nuevo Testamento podemos ver que Jesús descansaba cuando no había gente. A veces llevó a sus discípulos al desierto para descansar. Una vez, sin revelar su identidad, Jesús viajó a través de Judea hasta el límite de Sidón para descansar. Para nosotros, los siervos de Dios, el descanso es obligatorio.

La palabra diversión significa hacer otra cosa. Por ejemplo, una persona que predica el evangelio debe tener una diversión tal como ir a pescar o escalar una montaña. Aunque pescar o escalar montañas parezca un trabajo más arduo que predicar el evangelio, nos puede brindar descanso. Un atleta descansa leyendo un libro, mientras que un erudito descansa jugando tenis. No importa lo que una persona haga, o cuál sea su ocupación, descansar de su trabajo significa hacer otra cosa. Tales diversiones son una forma de descanso y son indispensables para mantener nuestras vidas saludables.

Cuando yo era joven, vino a Corea un evangelista famoso llamado Sam Todd para dirigir una reunión de avivamiento. Yo fui su intérprete. Fue una reunión de avivamiento con decenas de miles de personas. Después de la reunión, el Pastor Todd regresó a su hotel. Dado que yo era su intérprete disfruté del privilegio de seguirlo hasta su cuarto en el hotel. Una vez lo encontré leyendo un libro, y naturalmente pensé que sería la Biblia o algún libro relacionado con el Evangelio. Cuando miré con cuidado, vi que era una novela. Me quedé sorprendido. Yo era un siervo de Dios acabado de salir del Seminario y no comprendía por qué él estaba desperdiciando un tiempo tan valioso leyendo una novela. No pude contener mi curiosidad.

«Pastor, usted es un gran siervo de Dios, ¿cómo puede, después de dirigir una reunión de diez mil personas hace unos minutos, regresar a su cuarto en el hotel y leer una novela? ¿Se siente usted bien?»

Él se rió y dijo: «Todavía eres joven. Ponerte frente a una congregación tan grande para predicar el evangelio te agota por completo. Una vez que terminas la reunión, necesitas descansar. Entonces, si te diviertes con algo como leer una novela, puedes reponerte para hacer la obra de Dios al día siguiente. Oí el mensaje de Dios y lo prediqué a la asamblea. Ahora necesito una diversión. Una vez que haya descansado, puedo leer la Biblia y predicar el evangelio otra vez».

Me dije a mí mismo: «Me está dando una excusa, aunque actúa tan santamente por fuera, interiormente no es muy santo».

Sin embargo, ahora creo que el pastor Sam Todd estaba en lo cierto. Cada vez que voy al extranjero a una cruzada llevo conmigo la revista Selecciones o algún otro material de lectura ligera tales como novelas. No lo hago porque realmente quiera leerlos. Pero cuando termino de predicar para una cruzada, mis nervios están agotados hasta el límite y la tensión aumenta y mi cuerpo llega al punto de quebrantarse. A veces tal tensión hace que pierda el apetito o el sueño. He descubierto que esta tensión no se resuelve orando o leyendo la Biblia, requiere una diversión tal como leer obras literarias. Esta medida efectúa una liberación igual a la de un alambre de muelles que lentamente regresa a su forma original. Algunos de los muchos siervos de Dios bien conocidos se han destruido por tales tensiones, porque fueron incapaces de liberarse de ellas. Por eso es que necesitamos descanso para liberar nuestra tensión.

Antes de presentarme a predicar, descanso mucho. Cuando lo hago así, camino al púlpito sintiéndome completamente refrescado y listo para darme por entero a la predicación del mensaje de Dios con claridad absoluta. Pero cuando mi cuerpo y espíritu están desgastados por la presión, soy incapaz de enfocarme en el mensaje que Dios me ha revelado y no soy capaz de ser el instrumento a través del cual Dios manifiesta sus milagros. Cuando regreso a casa no puedo dormir hasta tarde en la noche.

No importa lo ocupado que puedan estar los siervos de Dios, debemos usar tiempo para la recreación y el descanso, de modo que podamos reponernos. Es más, si estamos demasiado agotados, Dios no nos usará para su obra. Debido a esto es que una persona, con sus pensamientos negativos y sentido de inutilidad, fácilmente llega a consumirse. Cuando nos sentimos así, es una señal de peligro debido a nuestro estado de agotamiento. Es hora de dejarlo todo a un lado y descansar.

Tener un tiempo de descanso es de primordial importancia para los siervos de Dios. Por medio del descanso nos recreamos y reponemos para sentirnos dinámicamente entusiasmados con nuestro ministerio. Siempre debemos estar en guardia para no sobrecargarnos de trabajo, sino más bien, tomar un descanso preventivo. Solo entonces nos convertiremos en instrumentos efectivos para que Dios nos use. No importa lo ocupado que tú puedas estar en tu ministerio, oro para que uses el suficiente tiempo libre y descanses para ser un instrumento que Dios use bien.

Liderazgo espiritual para el nuevo milenio | Capítulo **8** |

LIDERAZGO

Eleva tu mirada hacia Cristo con corazón humilde

*E*n América, una madre descubrió que su hijo poseía un don innato para la música y lo inició en su estudio. Después de haber estudiado y dominado la música con todos los instructores de su pueblo, la madre lo llevó en Nueva York a un pianista retirado muy conocido mundialmente.

El pianista retirado le dijo: «Yo ya no acepto estudiantes». Rehusó las súplicas de la madre. No queriendo darse por vencida, dijo al pianista: «Hemos venido desde lejos con esperanza en nuestros corazones. ¿Podría usted al menos oírlo tocar una vez? Agotado por su insistencia el pianista accedió y el muchacho comenzó a tocar el piano. El pianista retirado se sorprendió al ver tanto talento, como un diamante sin tallar. Una vez más comenzó a soñar acerca de instruir un alumno de talla mundial y decidió aceptar al joven como su último estudiante. Se entregó completamente a la educación musical del niño y este se convirtió en un gran pianista y finalmente tuvo la oportunidad de tocar en Carnegie Hall.

Sin excepción, a cada pieza que tocaba le seguían aplausos atronadores. Muchos lanzaban sus sombreros y flores al escenario hasta que quedó completamente cubierto con un manto de flores. En medio de los aplausos la audiencia notó que el pianista estaba mirando hacia arriba, al balcón, mientras saludaba y no dejaba que sus ojos se apartaran de allí.

La audiencia, llena de curiosidad, siguió la mirada del joven pianista y encontró a un anciano de pelo blanco sentado en el balcón mirando hacia el joven. Aunque el anciano estaba orgulloso de su discípulo, los que estaban sentados cerca de él le oyeron susurrar: «Sí, las multitudes te aplauden, pero manténte mirando hacia arriba. En el momento en que pongas tus ojos en la fama o el dinero, comenzará tu caída».

Oí esta historia en uno de los sermones del Pastor Robert y me conmovió mucho. Cuando nos va bien, debemos mantenernos mirando hacia arriba. Sin embargo, cuando nuestras circunstancias sean malas, debemos también mirar hacia arriba para ver a Jesús. Cuando los cristianos miran a Jesucristo caminan por un sendero seguro. Pero cuando apartan sus ojos de él y comienzan a mirar hacia abajo, verdaderamente comienzan una jornada descendente.

Dios nos enseña una lección por medio de un ejemplo interesante en Jueces 9:8-15.

Un día los árboles fueron a ungir a un rey para sí mismos y le dijeron al olivo que fuera su rey, pero el olivo declinó diciendo: «¿He de renunciar a dar mi aceite, con el cual se honra a los dioses y a los hombres, para ir a mecerme sobre los árboles?» Entonces los árboles se llegaron junto a la higuera y le pidieron que fuera su rey. La higuera declinó diciendo: «¿Debo abandonar mi fruto tan bueno y dulce para reinar sobre los árboles?» Entonces fueron a la vid. La vid también declinó diciendo: «¿Debo dejar mi vino que alegra a los dioses y a las gentes para dominar sobre los árboles?» Finalmente los árboles fueron al espino y le pidieron que fuera su rey. El espino dijo: «Si ustedes realmente quieren ungirme como rey sobre ustedes, vengan y refugiénse a mi sombra, pero si no, entonces que el fuego salga del espino y consuma los cedros del Líbano».

Los cuatro árboles ejemplifican cuatro tipos de personas. El olivo es como aquel que se sacrifica para servir a Dios y a otros. La higuera es como aquel que siempre lleva en su vida frutos dulces para hacer feliz a Dios y a otros. La vid es como el que vive una vida de frugalidad y abstinencia, pero cuando llega el momento de ayudar y ofrecer gozo a otros, lo sacrifica todo. Sin embargo, el espino es como el que ni se sacrifica ni lleva frutos, sino que solamente daña a los demás.

Ni el olivo, ni la higuera ni la vid desean ser reyes. Como estos árboles, los que están conscientes de sí mismos y viven vidas centradas en Dios, mientras que ayudan a sus vecinos, no tienen el deseo de enseñorearse de otros; por el contrario, los que son como el espino, aceptan complacidos el reinado y amenazan a los que no obedecen su autoridad.

Realmente cuando escogemos a un líder debemos escoger a uno que sea humilde en cuanto a esa posición. La persona que ambiciona el puesto de líder tiene motivos errados. La única motivación para ser líder debe ser la de servir a Dios y al pueblo.

El olivo da aceite, la higuera fruto y la vid vino. Ellos no monopolizan las bendiciones que Dios les ha dado, sino que producen para él y para el pueblo. Pero la única cosa que hace el espino es compartir el fuego. Sin nada bueno que ofrecer, el espino ordenó a los árboles que vinieran bajo él. Debemos compartir con los demás las bendiciones recibidas de Dios, como estos tres árboles. Cuando compartimos sin cesar, Dios nos vuelve a provisionar sin cesar.

Los que se sacrifican, se humillan y se dan, son los que están calificados para ser líderes. Cuando el pueblo escoge a tal persona como su líder, seguramente serán benditos. Los que no saben cómo sacrificarse ni cómo humillarse igual que el espino, solamente herirán al pueblo.

Sin pensar en nuestra situación, ya estemos en dificultad o en esplendor, debemos mirar siempre hacia arriba, a Jesucristo con corazones humildes mientras llevamos adelante nuestras responsabilidades como siervos de Dios.

Cuatro cualidades que se necesitan para ser un gran líder

Todos los siervos de Dios, en su posición de liderazgo, guían y dirigen la fe de la congregación ya sea que les guste o no.

Las responsabilidades del liderazgo no son para tomarse a la ligera. Sin embargo, por grandes que puedan ser las responsabilidades, las recompensas por el cumplimiento de las mismas son igualmente grandes. La nación florecerá y se engrandecerá si escoge bien a sus líderes. Pero si se escogen líderes equivocados, la nación irá a la destrucción. El éxito o el fracaso de la nación está en las manos de sus líderes.

Así también sucede en los negocios. No importa cuán habilidosos sean los trabajadores de una compañía, si se carece de liderazgo, esa compañía muy pronto se irá a la bancarrota. Pero si el dueño o la junta de directores provee un liderazgo capaz, la compañía crecerá y prosperará. Así que, todos los siervos de Dios que estén en una posición de liderazgo deben orar sin cesar y desplegar sus mejores esfuerzos en todas las cosas. Deben actuar con lo mejor de sus habilidades para expandir el reino de Dios.

La gente común tiende a imitar a sus líderes. Comienzan

, no solo en el uso de palabras y mane-
... la manera de pensar. Por ello no debe-
...posición a la ligera como pastores y líde-
...os a nuestros rebaños. Ellos se afectan en
...or nuestro liderazgo. Cuando miramos a una
...ogar, si el líder de la célula es capaz, toda ella me-
... día en día. Por otra parte, si el líder de la célula en el
... carece de liderazgo, esa célula declinará grandemente.

¿Qué debemos hacer para convertirnos en grandes líderes de quienes Dios pueda enorgullecerse? Sugiero cuatro cualidades que pueden ayudarnos a desarrollar nuestro liderazgo.

Primero, para ser un gran líder debemos comprender con rapidez las necesidades de las personas y suplirlas. Por ejemplo, para triunfar en los negocios un comerciante debe comprender las necesidades de los productores, los consumidores y la situación actual en la distribución.

Cuando hacemos negocios en el mercado mundial, el expandir nuestra capacidad de producción más y más nos garantizará el éxito en nuestro negocio. Si fabricamos, debemos comprender y analizar el estado de producción de las mercancías alrededor del mundo y debemos equipar nuestras fábricas de acuerdo al resultado de nuestro análisis. Solo un análisis cuidadoso y la completa comprensión del asunto, traerán el éxito.

De la misma manera, los que carecen de la habilidad de comprender y analizar las necesidades de otros, no sirven como líderes. Los pastores debemos saber exactamente lo que nuestras congregaciones quieren y necesitan y para satisfacerlas debemos adelantarnos a ellas.

Cuando un pastor va al púlpito para predicar un sermón, primero debe comprender las necesidades de la congregación y entonces meditar profundamente en la Palabra y mensaje de Dios, el cual satisfará sus necesidades. Sin embargo, cuando un pastor predica y su mensaje no tiene nada que ver con las necesidades de la congregación, sino solo contiene éticas filosóficas y teología, el sermón caerá en oídos sordos.

La razón por la cual digo a mi congregación que siempre espere milagros, es porque sé que todos ellos desean milagros en sus vidas. Hay muchos que viven en necesidad y enfrentan problemas que están más allá de sus habilidades para vencerlos. En tal situación, para retener nuestro sano juicio, uno debe esperar milagros.

Lo mismo es cierto cuando un pastor visita un hogar. El siervo de Dios debe armarse con la oración y la Palabra de Dios. Lo primero que debe hacer es comprender las necesidades de la familia y entonces proveer una respuesta para las mismas. No importa cuán grande la Palabra de Dios pueda ser, hay ocasiones y lugares donde ciertos pasajes ayudan muchísimo cuando otros no son adecuados.

Los siervos de Dios deben ser observadores y analíticos. ¿Qué necesita la congregación? ¿Qué están pensando? ¿En qué áreas necesitan ayuda? Estas preguntas debieran estar siempre en las mentes de los siervos de Dios.

Segundo, para ser un gran líder debemos tener la habilidad de hacer que otros tengan éxito. Entre muchas clases de líderes está el autoritario. Los líderes autoritarios obvian por completo las ideas y las opiniones de aquellos que están bajo ellos y solo quieren que obedezcan sus órdenes. Descartan a sus subordinados después que los explotan.

Luego están los líderes mecánicos. Estos están atascados por las colecciones de reglas, las que siguen mecánicamente. Han perdido su humanidad y se han convertido en máquinas. Tales líderes no pueden ayudar al éxito de los demás.

Hay pocos líderes que ayudan con entusiasmo a que otros triunfen. Ayudar a otros no significa sacar a cualquier persona de la calle y tolerarle su incompetencia sin reservas. Un líder capaz de ayudar al éxito de los demás primero sabe evaluarlos y dirigirlos en las responsabilidades para las cuales están capacitados. Entonces ellos pueden trabajar con gozo y tener una oportunidad mejor para ascenderlos.

Asegurarse de colocar a la persona correcta en la tarea correcta es responsabilidad del líder. Para hacerlo, un líder debe tener un interés y preocupación constantes por aquellos que dirige. Al ver en ellos diferentes talentos, el líder debe ser capaz de estimularlos para que pongan sus talentos en acción. Si ve a una persona luchando con un trabajo para el cual no está capacitada, debe colocarla en un nuevo puesto. El líder debe animar y enseñar a los que carecen de habilidad para que puedan llegar a ser más competentes. Todos debemos practicar esta clase de liderazgo.

Tercero, para ser un gran líder, debemos tener siempre espíritu de pionero y avanzar hacia adelante. Muchas personas permanecen estáticas luchando por mantener su estatu quo. Esto es natural cuando la gente prefiere la seguridad en lugar de la incertidumbre.

Un líder que solo busca la seguridad mientras guía al grupo, pierde el propósito de ser líder. Un gran líder es aventurero y agresivo. Debe pensar en ideas nuevas y ponerlas en práctica, aunque traigan incertidumbre y peligro. El crecimiento y desarrollo siempre conllevan una cierta cantidad de peligro. Un líder debe continuar desarrollándose y expandiéndose a sí mismo para llegar a ser extraordinario. He tenido muchas oportunidades de conocer a renombrados líderes mundiales y de hablar con ellos. He descubierto que todos ellos tienen una cosa en común: parecen un poco fanáticos en algunas formas acerca de ciertas cosas. Algunas veces dicen cosas difíciles de entender desde el punto de vista común. Continúan descortezando la realidad y encuentran cosas nuevas por las cuales luchar. Por ello, los que están firmemente enraizados en la realidad, tienen dificultad en comprenderlos.

Para ser un gran líder, nuestras mentes y pensamientos deben correr delante de los demás y debemos siempre trabajar arduamente. Todos los siervos de Dios son líderes. Es por eso que debemos tener metas de largo alcance y luchar por conquistarlas con todo nuestro esfuerzo. Entonces podemos llegar a ser grandes líderes.

Cuarto, para ser un gran líder debemos invertir todos nuestros esfuerzos en autodesarrollarnos. Debemos reflejar todo lo que hemos desarrollado y mejorado desde el año anterior preguntándonos: «¿Qué puedo hacer para llegar a ser un líder mejor?» «¿Cómo puedo ministrar más efectivamente?» y entonces hacer lo mejor por nuestro desarrollo.

Empleo mucha energía en el autodesarrollo y mejoramiento. Yo siempre estoy pensando cómo mejorar día a día.

Entre los grandes líderes en la Biblia y en el mundo, ninguno fue perezoso en cuanto al automejoramiento. Toma a Moisés como ejemplo. Los cuarenta años en el desierto fue un período valioso de autodesarrollo. Para Pablo los tres años en Arabia fue un período de desarrollo importante. Mira a los grandes líderes políticos. A pesar de las muchas varias dificultades, nunca cesan en sus esfuerzos de mejorarse. Si están en las prisiones o en las camas de los hospitales luchando por sus vidas, continúan mejorando.

Hay veces en que todos nosotros necesitamos salir de nuestro trabajo y buscar un lugar tranquilo donde orar a solas con Dios. Para mejorarnos, primero debemos hacer un inventario de nosotros mismos. De la misma manera que el dueño de una tienda debe estar siempre atento a cuidar de las mercancías en sus escaparates de exhibición, los siervos de Dios también deben mirarse y hacer un inventario de sus puntos fuertes y débiles. Hacerlo lleva tiempo, pero es absolutamente necesario.

Mira a los grandes ejecutivos. Por supuesto, están muy ocupados con esa carga de trabajo. Sin embargo, cuando los observamos con detenimiento, nos sorprendemos al descubrir que emplean mucho tiempo en su autodesarrollo. Si no reflexionamos acerca de nosotros mismos para encontrar las debilidades que debemos fortalecer, descubriremos que no estamos capacitados para hacer frente al liderazgo.

Siervos de Dios, examinemos nuestras vidas a diario.

Cuando veamos nuestras faltas, arrepintámonos y busquemos la forma de mejorar nuestras debilidades ya sea leyendo libros o buscando el consejo de otros. Hagamos lo mejor para mejorar.

He sugerido cuatro cualidades para llegar a ser un gran líder. Todos nosotros, no importa que seamos grandes o pequeños, somos líderes. Tomemos estas cuatro cualidades y practiquémoslas en nuestras vidas diarias para llegar a ser los grandes líderes que necesitamos ser.

Si seguimos estas indicaciones, seguramente nos convertiremos en directores capaces de guiar con éxito a quienes están bajo nuestro cuidado, efectiva y sabiamente.

El liderazgo del siervo

*R*ecientemente se ha despertado hasta el clímax un interés en el liderazgo de cada faceta de nuestra sociedad. Siempre encontramos nuevos libros sobre el liderazgo. Esto demuestra su importancia.

Singapur no era un lugar bueno para vivir cuando se independizó de la Federación de Malasia en 1965. Prevalecían la prostitución, el abuso de drogas, el juego, la pobreza y la corrupción. Sin embargo, debido al liderazgo de Lee Kuan Yew en unos 30 años Singapur se convirtió en un país avanzado. Ahora el ingreso nacional per capita es alrededor de 30,000 dólares. Por otra parte las Filipinas, otrora el país más rico del Sudeste del Asia en la década de los 1960, decayó rápidamente debido al liderazgo del presidente Marco. La prosperidad y el declive de un país dependen en gran medida del liderazgo.

Al reconocer la importancia del liderazgo, mucha gente tiene la ambición de llegar a ser líder. ¿Es correcto que aspiremos al liderazgo? La Biblia ve esa ambición bajo una luz positiva. Pablo escribió acerca de eso: «Si alguno desea ser obispo, a noble función aspira» (1 Timoteo 3:1). Pablo declara que es honroso ambicionar el liderazgo. ¿Cómo tal ambición puede serlo? Cuando la madre de los hijos de Zebedeo le pidió a Jesús altos puestos para sus hijos, él le dijo: «Pero entre ustedes no debe ser así. Al contrario, el que quiera hacerse grande entre ustedes deberá ser su servidor» (Mateo 20:26, 27). Si esto es así, ¿cómo podemos decir que ambicionar el liderazgo es honorable? Podemos encontrar la respuesta en los principios del liderazgo del siervo. Si la ambición por llegar a ser líder es solo aspirar a obtener una posición de liderazgo, no puede ser honorable. Pero en el liderazgo del siervo los líderes tienen la mente del «servicio primero», antes de buscar posiciones de liderazgo. Cuando aspiramos al liderazgo para servir a otros, esto puede ser honorable.

Un día Abraham Lincoln vio una venta de esclavos en Nueva Orleans. La escena se grabó en su mente porque le impresionó en gran manera. En su oportunidad, resolvió firmemente prepararse para cuando pudiera hacer algo por la emancipación de los esclavos. Estaba seguro que la oportunidad se presentaría y así fue.

Una posición de liderazgo debe dársele a quienes tienen la visión de servir a otros, antes que la de obtener posiciones. La visión de Lincoln fue la de servir a los esclavos emancipándolos, no para ser el presidente de los Estados Unidos. Si deseamos ser líderes con el propósito de servir a Dios y a las gentes, entonces ciertamente esta es una ambición honorable.

Cada cual desea ser grande, pero los líderes que sirven buscan en primer lugar ser siervos en lugar de hacerse grandes. El liderazgo del siervo comienza con el sentimiento natural que tiene el que desea servir. Esto es lo que Jesús nos pide.

«Como ustedes saben, los que se consideran jefes de las naciones oprimen a los súbditos y los altos oficiales abusan de su autoridad. Pero entre ustedes no será así. Al contrario, el que quiera hacerse grande entre ustedes deberá ser su servidor, y el que quiera ser el primero deberá ser esclavo de todos» (Marcos 10:42-44).

«Jesús les dijo: "Los reyes de las naciones oprimen a sus súbditos, y los que ejercen autoridad sobre ellos se llaman a sí mismos benefactores. No sea así entre ustedes. Al contrario, el mayor debe comportarse como el menor, y el que manda como el que sirve"» (Lucas 22:25-26).

Puede que luchemos con el término «líder siervo». Este es un término paradójico. Nos referimos a un líder como una persona que está a cargo y en control de otros, y un siervo como a uno que está sometido. «Líder» parece ser lo opuesto de «siervo». Sin embargo, Jesucristo iguala el término «siervo» con grandeza. Él enseña que la grandeza solo puede lograrse sirviendo a otros. La grandeza se alcanza más bien al evitarla que al perseguirla. Este es el principio del liderazgo que nuestro Señor nos presentó. Hasta Jesucristo mismo, el Hijo de Dios, que tiene toda autoridad en el cielo y en la tierra, fue uno que sirvió (Lucas 22:27).

Los líderes serán recompensados por su servicio a otros. El Hijo de Dios que vino a servirnos y a servirnos hasta su muerte, llegó a ser Rey de reyes. Podemos encontrar el mismo principio en la historia de Roboam. A la muerte de Salomón, todos los israelitas fueron al rey Roboam y le dijeron: «Su padre nos impuso un yugo pesado. Alívienos usted ahora el duro trabajo y el pesado yugo que él nos echó encima; así serviremos a Su Majestad» (1 Reyes 12:4). Entonces Roboam consultó a los ancianos que habían servido a su padre Salomón durante su vida y preguntó: «¿Cómo me aconsejan que conteste a este pueblo?» Ellos replicaron: «Si Su Majestad se pone hoy al servicio de este pueblo ... y condesciende con ellos y les responde con amabilidad, ellos le servirán para siempre» (1 Reyes 12:7). Es un principio bíblico que si alguien desea que lo sirvan, debe servir primero.

Había un estudiante en una universidad que a diferencia de la mayoría de los estudiantes coreanos carecía de la etiqueta apropiada al saludar a otros. La mayoría de los profesores lo calificaban de mal educado y lo obviaban. Pero había una profesora diferente que tenía mente de sierva. Cortésmente ella se inclinaba primero ante el estudiante dondequiera que lo encontraba. Al reconocer que no actuaba correctamente,

Capítulo 8 • Liderazgo

el estudiante cambió su etiqueta. Ciertamente, esta líder con corazón de sierva fue recompensada.

El primer paso para llegar a ser un líder siervo es satisfacer las necesidades de otros con amor y preocupación por ellos. Cada uno tiene una miríada de necesidades que satisfacer. Debemos fortalecer al débil, sanar al enfermo, vendar al herido, hacer regresar al extraviado y buscar a los perdidos.

En los días de Ezequiel, los líderes de los israelitas eran indiferentes a las necesidades de su pueblo. Antes bien, gobernaban a los israelitas dura y brutalmente. Como resultado, estos se dispersaron (Ezequiel 34:2-5). Los pueblos no aceptan a los líderes que abusan de su poder.

A los líderes se les da el poder y la autoridad solo para que sirvan a otros. Servir a otros es obediencia activa al Señor. El Señor dijo que cualquiera que desea ser el primero, debe ser el esclavo y él, mediante su ejemplo al lavar los pies de sus discípulos, demostró lo que es un líder siervo. Por ello, servir a otros es obedecer al Señor.

La noción del liderazgo del siervo se puede entender como una revolución copernicana para los que tienen la creencia tradicional de que un líder es la persona que dirige, gobierna y controla a otros con poder y autoridad. Tomará mucho tiempo antes de que la noción del líder siervo, la que desafía el paradigma tradicional del liderazgo, se acepte y penetre en nuestra sociedad. Esto parece ser una manera fácil y cómoda del liderazgo tradicional. Cada uno prefiere la manera familiar. Es por eso que puede ser natural que confrontemos la oposición al concepto del líder-siervo incluso en la iglesia. Pero así como la tierra estaba girando alrededor del sol aun antes de que a este hecho se le considerara verdadero; el concepto del líder siervo se ha fortalecido incluso ahora, y se aceptará gradualmente como el principio del estilo de liderazgo del Señor, aunque al presente algunos no lo acepten. Si somos discípulos de Jesucristo, no hay otro estilo para nosotros. El liderazgo que el Señor pide a los líderes espirituales no es nada más que el liderazgo del siervo. Él aún está entre nosotros como Uno que sirve.

Liderazgo espiritual para el nuevo milenio | Capítulo **9** |

CÓMO GUIAR A LA CONGREGACIÓN

El corazón paciente

Cuando los siervos de Dios se embarcan en el ministerio, pueden encontrarse en muchas situaciones que requieren paciencia. Esto es solo natural porque en cada congregación hay, no solo los que obedecen, sino también los que no lo hacen.

No importa en qué distrito o área estemos ministrando, siempre hay los que crean problemas. Aun entre los discípulos que Jesús escogió hubo los que causaron problemas. Es natural que los haya entre nuestras congregaciones. Muchos de ellos critican las cosas sencillas. Ellos me dan sus quejas. «Nuestro líder de célula tiene tales y tales problemas, ¿cómo se atreve a llamarse siervo de Dios? No puedo trabajar con él. Envíenos a otro».

Cuando escucho más atentamente lo que me dicen, encuentro que mucho de eso no tiene base. Lo que es peor, es difamatorio. ¿Cómo podemos lidiar con esa gente en nuestras congregaciones?

Primero, debemos tener una paciencia infinita y tratar a cada uno con igualdad. Cuando pensamos: «No me gusta porque yo no le gusto, o no visitaré su hogar ni oraré por él». Esos no son pensamientos de un siervo paciente de Dios.

Puede ser que tengamos miembros en nuestras congregaciones quienes por alguna razón nos desprecien. Debemos ser pacientes y tratarlos como trataríamos a quienes nos aman. Esto no es fácil de hacer. Sin embargo, solo cuando lo hagamos así, seremos capaces de ayudarlos a descartar su odio.

Los siervos de Dios no deben discriminar a las personas basándose en su riqueza, educación o cualquiera otra condición. Es más, no debemos discriminar a nadie que cause problemas en la iglesia. Es el llamamiento de los siervos de Dios orar por ellos y esperar con paciencia incluso por aquellos que calumnian la iglesia. En realidad, este es el secreto del éxito de los siervos de Dios. Dios nos llama y envía no a matar y a juzgar a nuestros rebaños, sino a salvarlos y darles vida.

A veces algunas personas creen que toda la gente que va a la iglesia es magnífica y santa. Verdaderamente esta es una gran equivocación. Por el contrario, la iglesia es el lugar donde se congrega la gente que tiene problemas. Las personas que vienen a la iglesia son las pobres, las enfermas que sienten que la carga de la vida es insoportable y que el mundo las ha abandonado. Es donde viene y se congrega la gente más baja en la escala social. ¿No fue también esto cierto durante el tiempo de Jesús? Los adúlteros, los criminales, colectores de impuestos, fueron los que se reunieron alrededor de Jesús. Debido a que la iglesia está llena de esta clase de gente necesitada de sanidad y protección, los siervos de Dios deben tener paciencia con ellos.

Segundo, el siervo de Dios debe tratar a su rebaño con paciencia y gentileza. Si un siervo de Dios se encoleriza con facilidad, no está calificado para ser siervo de Dios. Si un pastor usa palabras duras y se enfurece, está liquidado en su ministerio. Se correrá la voz y ninguno en su rebaño confiará en el pastor. Ni siquiera Dios se complace con tal siervo.

Yo tenía un temperamento iracundo, sin embargo, una vez que pasaba mi ira, reflexionaba en mis caminos y encontraba cuán inferior e inhumano había sido durante mi explosión de carácter. Después de una larga lucha procurando encontrar un medio de controlar mi temperamento, encontré una solución. Cada vez que sentía que me estaba encolerizando, me sentaba y esperaba treinta minutos. No es fácil esperar treinta minutos cuando nuestra ira está hirviendo. Pero después de mirar el reloj durante treinta minutos sentía que mi ira se iba calmando. Entonces pensaba por qué estaba airado y encontraba que no valía la pena airarse por algo de tan poca importancia. Luego me daba palmadas en la espalda. Si me hubiera airado con cada miembro de la iglesia que ocasiona problemas, todos ellos se hubieran ido de la iglesia.

El siervo de Dios tiene que recordar siempre que debe ser paciente, no importa con quién se encuentre y tratarlo con el cálido amor de Jesucristo.

Tercero, un siervo de Dios debe tratar a su rebaño con humildad y paciencia. No recibimos el llamamiento con el propósito de que nuestro rebaño nos recompense y alabe. Si glorificamos a Dios, él se gozará en nuestro ministerio y esa será nuestra recompensa.

Cuando alguien nos critique, es necesario que nos examinemos para determinar si la crítica tiene algo de cierto. Si es verdad, debemos cambiar, si no, debemos dejarla pasar. Cuando alguien nos alabe, si lo merecemos, glorifiquemos al Señor que lo hizo posible. Si no, arrepintámonos.

Cuando nuestros ancianos oran durante nuestros servicios en la Iglesia Yoido del Evangelio Completo, a veces me veo forzado a arrepentirme. Por ejemplo, cuando alguien me llama «nuestro gran Pastor Yonggi Cho», yo oro: «Padre yo no soy un gran siervo. Ayúdame». En este mundo no hay otra Gran Persona sino Jesucristo mismo. Me siento avergonzado cuando alguien me llama «grande». Yo no soy nada, sino un instrumento que Dios usa.

Nunca debemos olvidar humillarnos ante Dios. Es más, también debemos mostrar una actitud humilde hacia la congregación que guiamos.

Un corazón paciente es una necesidad absoluta para todos los siervos de Dios. Cuando un siervo de Dios carece

Capítulo 9 • Cómo guiar a la congregación

de esta cualidad, enfrentará una batalla penosa en el ministerio.

El hecho de ser siervos de Dios no quiere decir que hemos nacido con corazones pacientes. Debemos siempre examinarnos, preguntándonos: ¿Estoy tratando con equidad a todos los miembros de mi congregación? ¿Los trato con paciencia y gentileza? ¿Los trato con humildad?

Si lo hacemos así, Dios continuará usándonos.

Cómo vencer la adversidad

Mientras vivamos en este mundo, no siempre viajaremos en un camino bien pavimentado. A veces nos encontraremos en el centro de pruebas indescriptibles. Podemos enfrentar la realidad que aparentemente no nos ofrece alguna vía de escape. Es más, en la sociedad urbana de hoy a veces nos encontramos en horrendas situaciones sociales o financieras. Cuando realmente estamos forzados a entrar en tales circunstancias, ¿cómo podemos escapar?

En esos tiempos la mayoría de las personas buscan respuestas externas a sus problemas. Es una tendencia natural de las personas asirse de cualquier cosa cuando se enfrentan a problemas insuperables. Sin embargo, esta no es la respuesta a tales problemas. Cuando ministramos, nos encontramos con personas provenientes de muchas condiciones sociales diferentes. Cada una de estas personas tiene problemas en sus propias situaciones y ellos vienen buscando respuestas.

Una noche, después del servicio nocturno del miércoles, bajé a mi oficina para descansar. Un visitante me interrumpió. Tan pronto como me vio, me pidió que le diera 100,000 won. Me informó que planeaba usar el dinero para reclamar su licencia de conducción, de la cual había sido privado. Me dijo que si yo no le daba el dinero, él no vendría más a la Iglesia Yoido del Evangelio Completo. Más adelante me dijo que aunque había ido a otra iglesia antes, él había nacido de nuevo y obtenido la plenitud del Espíritu Santo en la Iglesia Yoido del Evangelio Completo. Me amenazó diciéndome que a menos que le diera el dinero, él abandonaría todo lo que había logrado, hasta su salvación y la plenitud del Espíritu Santo.

Otro hombre que vino a mí para que lo aconsejara, me informó que se había criado en un orfanato y a través de la generosa ayuda de los misioneros había podido completar su educación universitaria. Después de graduarse, se casó, tuvo hijos y tenía un negocio. Luego su negocio se fue a la bancarrota, y tuvo que enviar a su esposa e hijos a la casa de los padres de ella. Él había estado orando en la Montaña del Ayuno en el Osanri Choi Ja Shil Memorial y acababa de llegar de allí. Me pidió que le prestara algún dinero para comenzar otro negocio. De otra forma, se suicidaría dejando detrás a su esposa e hijos.

Una vez una mujer de nuestra iglesia me escribió una carta diciendo que recientemente se había convertido en líder de distrito en su vecindario. Sin embargo, ella tenía una deuda secreta de 500,000 won, la cual su esposo ignoraba. Me pidió que le prestara esa cantidad sin intereses durante cinco años. Ella estimaba que si su esposo se enteraba de eso la echaría del hogar, y eso sería una desgracia para el nombre de Dios y no sería bueno para la iglesia. Me pidió que me responsabilizara con esto.

Cuando enfrento tales situaciones no sé si reírme o llorar. Si fuera a enumerar la lista de tales casos este libro realmente llegaría a ser muy grueso. ¿Por qué deben pasar tales cosas? Ocurren porque los que enfrentan las dificultades no pueden encontrar la vía de escape correcta, así que tratan de depender solo de la ayuda externa.

Cuando una persona se enfrenta con un obstáculo insuperable, la mejor forma de salir de él procede de su interior. La misma respuesta implica tomar lo que la persona tiene y depositarlo ante Dios. El pedir ciegamente a alguien, aun a Dios, que dé algo, no es la respuesta correcta.

Podemos leer muchos ejemplos en los cuales Dios respondió a los que enfrentaban la adversidad. ¿Qué le pasó a la viuda de Zarepta? Cuando los tres años y medio de sequía y de hambre llegaron a la cima, la viuda decidió morir con su hijo después de hacer una comida con un puñado de harina y comérsela.

Sin embargo, para ayudarla, Dios le envió a Elías. Lo primero que Dios le dijo a la viuda por medio de Elías fue: «Dámelo». Elías ordenó que le dieran hasta el último pan que ella y su hijo planeaban comer.

Cuando Jesús alimentó a las cinco mil personas hambrientas, él también usó la ley del «dame lo que tengas». La multitud que enfrentaba un largo viaje hacia sus hogares estaba exhausta por el hambre. Entonces Jesús le pidió a un muchachito que le diera lo que tenía, los cinco panes y los dos peces.

El primer paso para la solución de un problema es dar lo que tenemos a Dios. Cuando enfrentamos una gran dificultad, debemos dar a Dios lo que tenemos. Entonces encontraremos una salida a nuestro problema. Cuando estamos en un dilema y no podemos ver la luz al final del túnel, la salida está en darle a Dios lo que tenemos. Tal acción y actitud significa que nos hemos entregado completamente a él.

Como siervos de Dios, cuando encontramos en nuestra congregación a los que enfrentan dificultades, debemos animarlos a dar sus diezmos y demostrar su fe y confianza en Dios. Cuando la gente, que está en situaciones muy difíciles, se queda con lo que le pertenece a Dios, verdaderamente empeoran. Cuando le roban a Dios su porción, la avaricia impedirá que Dios los ayude.

Por supuesto, tal estímulo a una familia que enfrenta una crisis no es una tarea fácil. Sin embargo, si deseamos que la familia se recupere sólidamente debemos ser fuertes y animarlos. Cuando las gentes buscan primero el reino de

Dios y su justicia, entonces pueden apartarse del camino hacia la destrucción.

Esto está escrito en Lucas 6:38: «Den, y se les dará: se les echará en el regazo una medida llena, apretada, sacudida y desbordante».

Cuando tu situación y circunstancias comiencen a ahogarte, manténtse firme sobre el fundamento de Dios y pon en práctica la Palabra de Dios. ¡Amén!

Amor y bendición

Para todas las gentes, el amor y la bendición proveen la motivación necesaria para vivir. De acuerdo con esto, un factor importante que puede hacer triunfar nuestro ministerio es basarlo en el amor y la bendición.

Sobre todo lo demás, el amor es la base de la vida. Cuando el amor conquista nuestros corazones, nos sentimos vivos.

Cuando amamos a Dios, nos amamos a nosotros mismos y amamos a otros. Ese amor saca la energía de vivir que trae resultados asombrosos en nuestras vidas.

No solo los seres humanos, sino los animales y las plantas crecen mejor cuando son amados. Cuando no lo son, pierden sus «vidas». El amor es un factor importante para darle vida a todas las cosas vivientes.

Está escrito en 1 Juan 4:16, «Y nosotros hemos llegado a saber y creer que Dios nos ama. Dios es amor. El que permanece en amor, permanece en Dios y Dios en él». Porque Dios es amor, él dió a Su Hijo único por nosotros en un sacrificio vicario.

Los siervos de Dios debemos ser conductos a través de los cuales fluya el amor de Dios a todas las gentes. Si tenemos la llave de todo conocimiento y de todos los misterios, y si tenemos fe para mover montañas, pero no tenemos amor, no vale para nada (1 Corintios 13:12). Sin cesar, debemos acercarnos a otros con amor, hablar palabras de amor y mostrarles amor.

Además, la bendición es una fuente de vida. Dios es amor y también es el Dios de la bendición. Esa es la razón por la que Dios continuamente nos da sus bendiciones.

¿Cómo podemos recibir esta bendición continua?

Primero, debemos dar gracias a Dios por sus asombrosas bendiciones y debemos pensar en nosotros como bendecidos. Cuando lo hacemos así, llegamos a estar verdaderamente vivos y Dios manifiesta Sus milagros en nuestro ministerio. Debemos repetirnos siempre: «Soy una persona bendecida». A tales personas Dios las bendice sin cesar. Cuando pensamos: «Soy una persona sin suerte», o cuando tenemos un complejo de inferioridad, Dios no nos puede bendecir. Dios no bendice a los que son tan negativos y se sienten inferiores.

Siempre debemos pensar que somos bendecidos para que podamos recibir las bendiciones de Dios a fin de compartirlas con otros a dondequiera que vayamos. Cuando un siervo de Dios no reconoce que Dios lo ha bendecido, ¿cómo es posible que pueda bendecir a otros? Por eso, solo cuando sabemos que Dios nos bendice, podemos tener un ministerio de bendición para otros.

Una vez bendecidos, debemos bendecir a los miembros de nuestra congregación. Las palabras de los siervos de Dios a quienes él ha llamado, tienen autoridad. Cuando proferimos palabras de bendición a la congregación, verdaderamente son bendecidos. No hay una sola persona que desprecie palabras tales como «que Dios la bendiga». Todas las personas tienen deseos ilimitados en cuanto a ser bendecidos. Debemos mantenernos bendiciendo a nuestra congregación de modo que ellos puedan recibir en abundancia las bendiciones de Dios. Si no los ayudamos para que Dios los bendiga, la gente no vendrá a nuestras iglesias. Habla siempre palabras de bendición a tu congregación y guíalos por el sendero de la bendición. Como siervos de Dios es nuestro deber amar y bendecir a nuestras congregaciones. De esta manera no solo el amor y la bendición llenarán las iglesias en las cuales ministramos, sino que también los miembros de nuestras iglesias, motivados con el amor y la bendición, trabajarán para la gloria de Dios.

La llave que puede mover los corazones de la gente es el amor y la bendición. Un ministerio basado en el amor y la bendición crecerá día por día.

Liderazgo espiritual para el nuevo milenio | Capítulo **10** |

EL MINISTERIO TRIUNFANTE

La voluntad de Dios y el camino de Dios

*A*lgunos pastores se esfuerzan por llevar adelante lo que ellos quieren sin preguntarle a Dios primero acerca del tiempo particular y el método a seguir. Sin embargo, la Biblia nos dice: «Porque mis pensamientos no son los de ustedes, ni sus caminos son los míos —afirma el Señor—. Mis caminos y mis pensamientos son más altos que los de ustedes; más altos que los cielos sobre la tierra!» (Isaías 55:8, 9).

Por medio de la oración siempre debemos preguntarle a Dios el tiempo apropiado para llevar a cabo su obra. Cuando los siervos de Dios sacan conclusiones precipitadas, no buscan el consejo de Dios y comienzan en una dirección de acuerdo con sus propias ambiciones, fracasan y con facilidad se frustran. Peor aun es que también traerán fracaso y desesperación a otros. Esto es porque su pensamiento humano limita sus planes e ideas. Nunca debemos adelantarnos a Dios.

Algunos siervos de Dios, aun después que Dios les ha ordenado seguir por cierto sendero durante cierto tiempo, fallan en obedecerle porque no tienen una fe fuerte. Tales líderes no serán capaces de glorificar a Dios ni de disfrutar de sus bendiciones.

Cuando trabajamos para Dios es de primordial importancia que trabajemos de acuerdo con sus órdenes. Si lo hacemos así, no solo estamos caminando en el camino de la bendición, sino que también podemos guiar a otros en ese camino.

Leamos Hechos 16:6-10 y veremos que hasta un apóstol tan grande como Pablo falló cuando planeó y trabajó de acuerdo con su propia voluntad.

Aunque Dios nunca le dijo a Pablo que fuera al Asia, él hizo su propia decisión de ir allí y esparcir el evangelio. Esto, por supuesto, condujo al fracaso. Pablo no tuvo otra alternativa sino la de dirigirse a Troas y esperar la orden de Dios.

En una visión se le ordenó ir a Macedonia. Dios quería que él fuera a Macedonia, no a Asia. Si Pablo hubiera ido a Asia, solo una pequeña parte de Asia habría oído las Buenas Nuevas. Sin embargo, Dios quería que el mundo oyera el evangelio de las Buenas Nuevas y ordenó a Pablo ir a Macedonia. Como resultado allanó el camino para la extensión del evangelio a través de Europa y por todo el mundo. La voluntad de Dios puede ser completamente diferente a la voluntad de la humanidad.

Trabajar para Dios significa seguir su voluntad. Esta es la tarea de sus siervos: oír y obedecer la voluntad de Dios. No importa cuán bueno podamos hacer un trabajo o actos de bondad. Si vienen de nuestra propia voluntad o iniciativa, no tienen sentido. Los siervos de Dios no son llamados con el propósito de hacer buenas obras o de ejecutar actos de bondad. Ellos son llamados con el simple propósito de hacer la voluntad de Dios.

En la Biblia, un hombre corrió hacia Jesús, se postró ante él y le dijo: «¡Maestro bueno!» Jesús le respondió: «Nadie es bueno sino sólo Dios» (Marcos 10:17, 18; Lucas 18:18, 19).

Verdaderamente la obra buena y justa se hace solo de acuerdo con la voluntad de Dios. No debemos adelantarnos a Dios, sino esperar por su mandato. Entonces, cuando oigamos el sonar del silbato de Dios, debemos salir corriendo y seguirle.

Diariamente llegan cartas a mi oficina desde muchas iglesias en Corea buscando ayuda. Cuando las leo, veo que algunas iglesias de verdad necesitan nuestra ayuda, mientras que otras no.

Algunas iglesias piden ayuda aun para las cosas más pequeñas. «Nuestro techo tiene un hueco, las paredes necesitan pintura nueva, la lluvia se llevó una pared, necesitamos un salón extra». La gente pide ayuda financiera por muchas razones y a menudo dicen: «Dios le ha dado una iglesia grande. Si usted nos ayuda con este proyecto, Dios lo bendecirá». Por supuesto, en verdad sería una cosa buena ayudar a estas iglesias. Sin embargo, antes de hacerlo, debemos preguntar si esa es la voluntad de Dios.

Aunque estemos haciendo la voluntad de Dios, no tenemos la libertad de hacerla como nos plazca. Primero nos debemos inclinar ante Dios en oración y esperar hasta que él nos dé paz en nuestros corazones y tengamos su seguridad. Sin embargo, si algo es la voluntad de Dios, debemos hacerlo, aunque no nos guste.

Hace mucho tiempo dirigí una cruzada en el Estadio Chang-Choong. En ese tiempo yo no había planeado una cruzada. Pero cuando regresé de un viaje misionero por Europa, Dios me dijo que tuviera una cruzada en el Estadio Chang-Choong. Al principio, debido al enorme costo que conllevaba, no podía formular un plan o pasos sólidos. Sin embargo, Dios continuó ordenándome hacer el plan. Aunque yo no quería, puse todo mi esfuerzo hacia la celebración de la cruzada porque Dios me lo mandaba hacer así.

¿Fue la cruzada un gran éxito? Por supuesto que sí. Dios la planeó, ¿cómo no iba a tener éxito?

Usualmente los siervos de Dios deben amar y respetar a las gentes sin condiciones. Pero esto solo viene en segundo lugar después de obedecer y seguir la voluntad de Dios. Tristemente hay algunos siervos de Dios que están tan ocupados amando y respetando a las gentes que gradualmente comienzan a seguir la voluntad del rebaño. Esto nunca debe suceder.

A veces, aunque los miembros de nuestra iglesia protesten, si Dios nos manda hacer cierta cosa, debemos obedecer a Dios en lugar de obedecer la voluntad de los miembros de nuestra iglesia. No importa cuántos nos acusen de hacerlo mal o de dirigir mal a nuestros rebaños, si Dios firmemente nos lo manda, debemos obedecer su voz. Cuando lo hacemos, podemos ver un fallo exterior, pero al final todo obrará para bien, y seremos pastores de éxito.

Por ello, cuando trabajamos para Dios, debemos orar: «Padre Dios, muéstrame tu voluntad. No tengo deseo de ir delante de ti, ni deseo quedarme detrás. Solo deseo seguir tus huellas y estar cerca de ti».

La viuda y la vasija de aceite

En 2 Reyes 4, durante el tiempo de Eliseo, murió un hombre de la comunidad de los profetas, dejando grandes deudas a su esposa e hijos.

No es necesario decir que la viuda estaba en una situación difícil. Además de tener que criar sola a sus hijos, los colectores de deudas venían todos los días y la amenazaban con tomar a dos de sus hijos para venderlos como esclavos.

Incapaz de pagar las deudas, la viuda fue a Eliseo y le pidió ayuda. Después de escuchar su situación, le dijo: «¿Cómo puedo ayudarte? Dime qué tienes en tu casa. La viuda le contestó: «Tu sierva no tiene nada allí excepto un poco de aceite».

Entonces Eliseo le dijo: «Sal y pide a tus vecinos que te presten sus vasijas; consigue todas las que puedas. Luego entra en la casa con tus hijos y cierra la puerta. Echa aceite en todas las vasijas y, a medida que las llenes, pónlas aparte» (2 Reyes 4:3, 4). La mujer obedeció a Eliseo y comenzó a verter el aceite en todas las vasijas que había pedido prestadas. Para su asombro, el aceite salió de la botija hasta que todas las vasijas estuvieron llenas hasta el borde. Eliseo entonces le dijo: «Ahora ve a vender el aceite y paga tus deudas. Con el dinero que te sobre, podrán vivir tú y tus hijos» (2 Reyes 4:7).

En este pasaje el profeta Eliseo es símbolo de nuestro

Capítulo 10 • El ministerio triunfante

Señor Jesucristo, y la viuda simboliza a la Iglesia actual. Es tan difícil para una viuda ganarse la vida sin un esposo como es difícil para una iglesia sobrevivir sin su esposo Jesucristo.

En el día de hoy, sin embargo, muchas iglesias han perdido la Palabra de Dios y el poder del Espíritu Santo, y están bajo el ataque de Satanás. Están exactamente en la misma situación de la viuda pobre. Si no hay una reforma en la Iglesia, esta no podrá evitar la ruina. Este relato bíblico nos dice cómo se puede reavivar una iglesia impotente y agonizante.

Primero, para que una iglesia pueda sobrevivir —antes de buscar alguna nueva política intelectual o educacional— debe buscar a Cristo. De la misma manera que la viuda buscó a Eliseo para resolver sus problemas, así la iglesia debe buscar a Jesús.

Segundo, una iglesia debe encontrar una vasija de aceite, el Espíritu Santo. Cuando Eliseo le preguntó a la viuda: «¿Qué tienes?», ella le contestó: «Tengo una vasija de aceite». Cuando el Señor nos pregunte: «¿Qué tienes? ¿Dónde está tu vasija de aceite?», debemos contestar: «está aquí, Señor». Ya sea en la iglesia o en nuestras vidas personales, siempre debemos tener una vasija de aceite. Si la iglesia no puede encontrar esa vasija de aceite, caerá en la ruina.

Hoy hay muchas iglesias que tienen una vasija de aceite, pero la tienen encerrada o la han mal puesto en cualquier esquina. Antes de recordar que tienen una vasija de aceite, el Espíritu Santo, buscan filosofía y conocimientos. Esas iglesias necesitan arrepentirse y clamar a Dios: «¡Aquí está nuestra vasija de aceite!»

Al igual que a la viuda le dieron una salida cuando dijo: «Tengo una vasija de aceite», las iglesias de hoy deben encontrar solución a sus problemas confiando en el Espíritu Santo.

Debemos confiar y depender del Espíritu Santo quien puede proveer respuestas para todos nuestros problemas. Debemos encontrar nuestra vasija de aceite, el Espíritu Santo, que Jesucristo nos dio.

Más adelante Eliseo mandó a la viuda a reunir tantas vasijas como pudiera y que las llevara a su hogar. Aquellas vasijas representan la congregación de la iglesia. Así como Pedro pescó un gran número de peces rompiendo hasta la misma red que los contenía, debemos ir y traer gentes a nuestras iglesias. Cuando traemos a nuestra iglesia las vasijas vacías y comenzamos a verter aceite dentro de ellas, cada una se llenará con el aceite, el Espíritu Santo.

Si los siervos de Dios rebosaran con el aceite del Espíritu Santo, serían capaces de llenar a los miembros de su congregación. En Hechos 19:2, la Biblia pregunta: «¿Recibieron ustedes el Espíritu Santo cuando creyeron?» Una iglesia debe continuar evangelizando y ayudar a los nuevos miembros a recibir el Espíritu Santo. Cuando una iglesia deja de evangelizar y no se traen a ella nuevos miembros, la obra del Espíritu Santo cesa. El aceite estuvo saliendo de la vasija de la viuda hasta que no quedó ni una vasija vacía por llenar. Sin embargo, cuando el hijo de la viuda le dijo a su madre que ya no había más vasijas, el aceite cesó.

Las palabras «no hay más» verdaderamente son palabras terribles. El acto de evangelizar significa que el aceite del Espíritu Santo fluye de nosotros hacia otros que aún no han sido llenos. Mientras que cincuenta millones de personas en Corea y seis mil millones en el mundo no tengan la plenitud del Espíritu Santo, nunca debemos decir: «No hay más».

A Dios no le gustan las palabras «No», «Negativo», «No puedo».

Evitemos decir: «No hay más para llenar». No digamos: «Nuestra iglesia está llena. No necesitamos más miembros nuevos. Dejemos de evangelizar». Decir tales palabras conducirá a la iglesia cuesta abajo. Si nuestra iglesia ha empequeñecido, debemos hacer nuevos planes, pero sin parar de traer vasijas a la iglesia. Si dejamos de traer nuevas vasijas vacías para que el Espíritu Santo las llene, su obra también se detendrá en nuestra iglesia.

Igual que la viuda fue capaz de pagar todas sus deudas con el aceite, y le quedó lo suficiente para mantener a su familia, cuando tenemos la plenitud del Espíritu Santo, seremos en verdad bendecidos. Todas las bendiciones vienen después que hemos sido llenos con el Espíritu Santo. Cuando él nos llena, nosotros somos bendecidos, igual que lo es nuestra iglesia.

Un modelo de evaluación

Cuando juzgamos a otros, usamos una medida basada en la educación, posición social o habilidad. Generalmente las personas que tienen la misma profesión, tienden a tener habilidades similares. ¿Basados en qué modelo debiéramos juzgar a una persona?

Primero, la calidad de una persona se debe juzgar desde el punto de vista de si tiene visión o no. No importa lo capaz y educada que una persona pueda ser, si vive día por día sin un sueño o visión, tal persona acorta su potencial.

Este modelo de medida es aplicable para todos nosotros. Siempre debemos preguntarnos: «¿Tengo un sueño o visión para mañana? Si vivimos día por día, solo dominados por el presente, hemos dejado de crecer. Estamos viviendo una vida que ya terminó.

Solo los que tienen sueños y visión pueden vivir vidas creativas, las cuales les ayudan a mejorar cada día. Viven vidas creativas con un pie en el presente y el otro en el futuro. Tales personas siempre relacionan el presente con sus sueños, dando como resultado que sus sueños se conviertan en realidad.

Cuando miramos a una persona, lo primero que nos debemos preguntar es: «¿Tiene él/ella un sueño?» Si seleccionamos a un líder de célula, primero debemos preguntarnos si tiene sueños. Si tú nombras a un líder de célula que tiene sueños, esa célula crecerá. Sin embargo, si nombras a un líder de célula que no tiene sueños, hasta la célula de grupo más viva se marchitará con rapidez.

Segundo, uno debe tener entusiasmo. Ser educado es mejor que no serlo. Pero si una persona tiene conocimientos pero carece de entusiasmo, el conocimiento no le aprovechará, no importa lo bueno que sea.

Alemania y Japón, tan devastadas por sus pérdidas durante la Segunda Guerra Mundial, fueron capaces de convertirse en naciones poderosas porque su pueblo trabajó con diligencia y entusiasmo.

Cuando miro a nuestro pueblo hoy, tengo una esperanza imperecedera. El pueblo coreano tiene una larga historia que se extiende hasta 5,000 años atrás. La mayor parte de estos años se emplearon sin esperanza. Sin embargo, veo que durante el siglo 21 el pueblo coreano se ha convertido en un pueblo entusiasta. Como una nación en desarrollo ahora estamos corriendo con el fin de ocupar un lugar entre las naciones desarrolladas.

Mire a nuestra iglesia. Yoido del Evangelio Completo ha sido capaz de crecer de una forma tan magnífica gracias al entusiasmo. Dios no obra a través de una persona que está quieta. Dios obrará con poder solo con aquellos que trabajan arduamente, clamando a Dios por ayuda.

La palabra entusiasmo viene de *entheos* en griego. El prefijo *en* se refiere a «en» y la raíz de la palabra *theos* se refiere a «Dios». La gente de la antigüedad creían que había algo divino en el entusiasmo. Ellos también creían que para crear una gran obra, una persona debía tener entusiasmo, y que cuando el entusiasmo se despertaba, esa persona tendría una inspiración divina.

Si el siervo de Dios predica un mensaje con entusiasmo, moverá muchos corazones en la congregación mediante la inspiración del Espíritu Santo. Sin embargo, si predica con una actitud tibia, el Espíritu Santo no la inspirará con facilidad.

Cuando yo era un estudiante en el seminario, los sábados solíamos ir al Parque Pagoda para tener un día de evangelización. En ese tiempo había un grupo de matones que siempre nos molestaban mientras predicábamos el evangelio. Un sábado, los estudiantes de otra escuela se nos unieron en el Parque Pagoda. Ya estábamos próximos a regresar al hogar cuando vimos al grupo de matones peleando con los estudiantes de la otra escuela teológica. Uno de ellos agarró por el cuello al estudiante que había mostrado más entusiasmo y lo amenazó para que dejara de evangelizar. Aunque el estudiante estaba rodeado y evidentemente estaba en peligro, no dejó de llamar a la gente para que aceptaran a Cristo. A medida que venían más personas y se percataban de la escena, muchos de los que antes habían tenido oídos sordos para lo que el estudiante decía, lo rodearon y comenzaron a amenazar a los matones. «¿Por qué no dejas quieto a este buen hombre?» Cuando la multitud aumentó, los matones consideraron prudente abandonar la escena. Después de ahuyentar a los matones, la multitud rodeó al estudiante y comenzó a escucharlo. Hasta el día de hoy recuerdo sus ojos llenos de lágrimas mientras los miraba y les predicaba.

Para mover los corazones de las gentes, tú necesitas entusiasmo. Tú no puedes mover sus corazones con teorías difíciles transmitidas con una voz fría. Pongo todo mi ser y me esfuerzo en los mensajes que predico, no solo porque tengo el deseo de propagar el mensaje del Evangelio Completo sino porque además deseo levantar el prestigio de nuestro país.

Aunque el pueblo de Corea tiene una historia larga de 5,000 años, siempre hemos estado a la sombra de otros, y hemos tenido que derramar muchas lágrimas. Ahora anhelo exportar el mensaje del Evangelio Completo a través del mundo y realzar el prestigio nacional de Corea.

Tercero, uno debe tener convicción. Una vez que tenemos visión y entusiasmo, debemos tener una convicción firme de que tendremos éxito.

Capítulo 10 • El ministerio triunfante

Mucha gente ha tratado de estudiar una lengua extranjera, pero no fueron capaces de continuar hasta llegar a ser peritos. Esto es porque no tenían convicciones. Para aprender un idioma extranjero no se requiere un cociente de inteligencia genial, se requiere resistencia y perseverancia. En mi caso, cuando trataba de memorizar una palabra en inglés, tenía que repetirla siete veces, de otro modo la olvidaba. Pero yo no me desanimaba, sino que continuaba perseverando con una firme convicción de que sería capaz de dominarlo. Después de un tiempo, finalmente fui capaz de comprender y hablar el inglés.

Cuando fui a Taiwan para dirigir una cruzada, me sorprendió ver a muchos misioneros que sin ser chinos habían venido a Taiwan y predicaban sermones en chino. Entre ellos estaba el pastor Andrés, que no tenía habilidad natural para los idiomas y pasó un tiempo difícil procurando dominar el idioma chino. Al principio se pasaba todo un día para aprender un carácter chino. No obstante, perseveró y continuó estudiando chino diez horas al día durante todo un año. Después de esto, fue capaz de predicar un sermón en chino. Si tienes una convicción firme, puedes lograr tu meta, no solamente en el campo del aprendizaje de un idioma, sino también en cualquier otra tarea difícil.

Primero debemos tener visión, luego entusiasmo seguido de convicción. Tener tal combinación nos ayudará a vencer cualquiera y todas las dificultades, y entonces no importará en qué medio ambiente estemos, seremos capaces de vivir vidas productivas y creativas.

Cuando buscamos ayudantes para nuestro ministerio, debemos escoger a los que tienen visión, entusiasmo y convicción. Tener una alta educación no garantiza que una persona va a utilizar todo su conocimiento. Una persona que tiene visión, entusiasmo y convicción tiene un potencial más grande que una persona altamente educada pero que carece de estas cualidades.

Queridos pastores, tengan visión, entusiasmo y convicción. Si los poseemos, no solo logramos tener éxito en nuestras vidas privadas, sino que también tendremos un gran éxito en nuestro ministerio.

Establecer metas

Cada ministro anhela tener un ministerio triunfante. Pero no son muchos los que logran tanto éxito como el que esperaban. ¿Por qué no? Muchos han descuidado lo más básico de lo básico. En otras palabras, no han establecido metas claras para su ministerio.

Una vez un siervo de Dios recién salido del seminario vino a mí buscando consejo. Con sus ojos fijos en el piso, me dijo: «Pastor Cho, últimamente he comenzado a dudar si Dios realmente me ha llamado. No importa lo que yo haga, todavía tengo problemas en mi ministerio. Pienso que mejor sería irme a hacer negocios. ¿Qué debo hacer?»

Él pensó que tan pronto como se graduara del seminario ocurrirían grandes milagros, como el que sucedió en Jericó, y que podría guiar a muchos hasta Dios si salía a la calle y voceaba Su mensaje. Pero se graduó y tales cosas no ocurrieron. Lo aconsejé un poco.

«Pastor, dirigir un ministerio no es tarea fácil, requiere muchas horas, días y años de oración, lágrimas y vencer muchos obstáculos. No se apure tanto. Regrese y dedíquese a Dios y a su ministerio».

Esto no es decir que el ministerio no sea nada más que dificultades. Cuando nos proponemos una meta que se adapta idealmente a nuestras habilidades y ponemos en práctica nuestros esfuerzos, orando a Dios y meditando en su Palabra, entonces Dios nos mostrará grandes milagros».

Ministrar sin una meta no produce buenos resultados. Por otra parte, si un pastor dice: «Está bien, esto es suficiente», su ministerio no crecerá más. Siempre debemos tener una meta adecuada y cuando la alcancemos, se debe reemplazar por otra mayor.

Los siervos de Dios triunfarán cuando las metas de la iglesia y las personales sean claras.

Piensa en lo que Dios hizo con Jacob para restaurarlo cuando falló. Dios le hizo formular una meta clara. Dios le dijo a Jacob que cortara y pelara las varas de las ramas de álamo, avellano y castaño y las colocara en todos los abrevaderos de agua donde las ovejas y las cabras bebían (Génesis 30:35-42; 31:8-12). Dios mandó a Jacob que lo hiciera así porque él quería que Jacob recordara su meta de llegar a ser dueño de un gran rebaño de ovejas y cabras y que tuviera en su mente un cuadro de esta meta.

Si Dios hubiera querido que Jacob solamente se pusiera una meta, él hubiera estado satisfecho con que Jacob colocara algunas varas. Pero Dios le ordenó hacer rayas blancas en ellas, pelándolas para hacer soñar a Jacob con las ovejas y las cabras rayadas y manchadas y que las viera en su mente. Fue una clase de educación visual.

Jacob obedeció a Dios y se dedicó a alimentar las ovejas y las cabras. Las ovejas y las cabras bien alimentadas dieron a luz a muchas crías fuertes y Jacob, en verdad, se hizo rico. Él logró su meta.

Una vez que establecemos una meta clara y nos la representamos en la mente, debemos dedicar nuestros mejores esfuerzos para lograrla.

Hace mucho tiempo fui a Australia y me impresionó ver las iglesias en una profunda inactividad. Los pastores australianos que habían estado luchando por resolver el problema, vinieron a mí para buscar consejo.

«Pastor Cho, ¿cuál es el problema con las iglesias aquí? Por favor, díganos cuál es la causa de esto».

Para descubrir la razón, hablé con muchos siervos de Dios y cristianos laicos en Australia. Pronto descubrí que ellos estaban sufriendo por causa de un terrible problema.

Durante los últimos diez años las Asambleas de Dios en Australia habían experimentado un crecimiento de un 2%. Un 2% de crecimiento no representa crecimiento alguno. Si tomamos en consideración a los recién nacidos pondría el crecimiento natural sobre el 2%. Lo que descubrí acerca de las iglesias en Australia fue que ninguna de ellas tenía metas de crecimiento. Muchos ministros guían a sus iglesias sin decidir siquiera cuál dirección van a tomar. Esto causa que los miembros no sepan lo que se espera de ellos, excepto que sean adoradores los domingos.

Firmemente le dije a los pastores: «Antes que dejen esta reunión hoy, escriban en sus libros de notas las metas que desean alcanzar dentro de los próximos cinco años. Después miren diariamente sus metas y oren mientras dedican todas sus energías a ellas. Pidan la ayuda de Dios. Piensen y digan: «Yo puedo hacerlo». Solo entonces serán testigos de grandes milagros de Dios. La fe viene cuando se tiene esperanza. Sin esperanzas para una meta, la fe no se activará. No importa cuán a menudo proclame: «Yo creo» si no tiene esperanza de algo, ¿cómo puede tener fe? Sin fe, ¿cómo puede Dios mostrarle sus milagros? Ese día todos los pastores en la reunión escribieron sus metas. Alrededor de dos años más tarde tuve la oportunidad de ir a Australia otra vez y me enteré de que las Asambleas de Dios en Australia habían crecido un 50%.

Cuando tenemos metas claras y nos imaginamos a nosotros alcanzándolas y ponemos todos nuestros esfuerzos en lograrlas, Dios manifestará sus milagros.

Apliquemos este principio a nuestras vidas de fe y también a nuestro ministerio. Seremos testigos de cambios visibles. Nuestras iglesias crecerán de día en día.

No debemos convertirnos en perezosos una vez que

hayamos percibido que nuestras metas se alcanzaron. Debemos proponernos metas cada vez más altas. Dios continuará mostrándonos sus milagros y nuestras iglesias continuarán creciendo y desarrollándose.

*Nos agradaría recibir noticias suyas.
Por favor, envíe sus comentarios sobre este libro
a la dirección que aparece a continuación.
Muchas gracias.*

EDITORIAL VIDA
7500 NW 25th Street, Suite 239
Miami, Florida 33122

Vida@zondervan.com
http://www.editorialvida.com